JN409208

파랑새로 오세요

국립중앙도서관 출판시도서목록(CIP)

파랑새로 오세요 / 지은이: 대한사이버문학회. — 대전 :
오늘의 문학사, 2013
p. ; cm. — (대한사이버문학 ; 제19호)

ISBN 978-89-5669-554-9 03810 : ₩10000

한국 현대 문학[韓國現代文學]

810.82-KDC5
895.708-DDC21 CIP2013003360

파랑새로 오세요

대한사이버문학

제19호 · 2013

http://cafe.daum.net/hankuk2003

오늘의문학사

나의 길, 우리들의 길

서 혜 원
대한사이버문학 설립자

대한사이버문학 동인지가 창간된 지 올해로 10년이 되었습니다. 10년 동안 초심을 잃지 않고 한마음으로 동인지를 펴낼 수 있었다는 것은 참으로 놀라운 일입니다. 모두 동인님들께서 한결같은 마음으로 지켜주신 덕분입니다.

그동안 동인지는 여러 지역에서 많은 독자들과 만났을 것이라고 생각합니다. 이제 대한사이버문학은 동인님들의 영혼이 살아 숨 쉬는 고귀한 생명체로 완벽하게 자리매김 하였습니다.

누가 뭐라 해도 우리는, 나의 길, 우리들의 길을 묵묵히 갈 것입니다. 대한사이버문학은 결코 세상 밖이 아닌 세상의 중심에서 영원히 존재할 것이라 믿습니다. 우리 님들 부디 건강 잘 챙기셔서 오래 오래 필을 놓지 않으시길 바랍니다.

19호에도 표지를 주신 백규현 화백님! 감사합니다. 출판을 도와주신 '오늘의문학사 편집팀' 여러분 감사합니다. 작품과 출판비를 지원해 주신 동인 여러분! 진심으로 머리 숙여 감사의 인사 올립니다. 동인님들의 문운과 편안하심을 기원합니다.

2013. 4. 5
서 혜 원

※ 아동문학

※ 소설

시 · 시조

http://cafe.daum.net/hankuk2003

▶▶▶ 시

▶▶▶ 시조

시 ▶ 雲海류인복

몹시 춥다

눈이 쏟아진다.
이건 분명히 하늘에 구멍이 난 게야
땅이 꽁꽁 얼었다
이건 분명히 땅속에서 냉장고를 틀었을 게야

그 보다 더 분명한 건
겨울엔 태고 적부터 추웠다는 사실일 게야
난 여태 왜 그 사실을 망각하고
춥다고 오들오들 떨고만 있을까

나보다도 더 추운 사람들은
이 겨울에 어쩌고 살까
군불이나 지필 불쏘시게나 있을까
아니야 나보다 더 오들오들 떨고 있을 게야

겨울이 가면 봄이 온다지만
죽은 후에 봄이 온들 무엇하리
나만 추운 건 분명 아닐거야
나보다 더 추운 사람들은 어찌 살꼬

· 1952년 남해 출생
· 노동부산하 노동문제연구원 수료
· 현재 회사원
· 대한사이버문학회 동인
· e-mail : dng54@hanmail.net

인어들의 잔치

태평양에서도
대서양에서도
인어들은 갑갑했던 모양이오.

하기야 아무리 넓은 호화주택이라도
집구석에만 붙어 있으면 짜증이 나겠지요.

아마도 그들은 최신 LTE폰으로 문자를
주고받으며 탈출을 모의했을 것이 뻔하오.
아니면 어찌 그리 많은 인어를 소집했겠소.

인어들은 저마다 자기 자태를 맘껏 뽐내면서
갖은 묘기를 비교해보는 것도 모자라
뭍으로 올라 공중제비를 돌고 있더이다.
아마 강남에서 놀던 제비도 그만은 못할 것이오.

얼마나 아름답고 황홀한 광경이었는지
나는 한숨도 못 자고 밤새 그 모습을 지켜보았소이다.

· 게재된 글 : 대사문 제2호에 "잔설" 외 1편
대사문 제15호에 "산" 외 9편
· 생년월일 : 1963. 11 .14(음)
· 출생지 : 경기도 여주 · 학교 : 여주고 졸업
· 2012. 9. 《문학사랑》 시 부문 신인상 당선
· 문학사랑문인협회 회원. 대한사이버문학회 동인
· E-mail : pdkun@daum.net

이젠 인어들도 이웃을 알고
사랑을 알고 자유를 아는 까닭인지
밤새 천진하고 예쁜 웃음이 끊이질 않았소이다.

눈물이 나더이다.
세상이 이렇게 살고 싶어지기는 처음이었소이다.

* 런던올림픽 여자다이빙 경기를 보면서

가뭄 속에서

한 치의 오차도 없이
신륵사 알람이 새벽을 치고 있을 무렵
하늘은 듣도 보도 못한 한 폭의 수묵화를 펼치고 있었다.

끊임없는 열정으로 그려대던
그 숱한 풍경화 너머로
삼한사온이 숨 쉬는 사계절은 퇴색되어
갈색 숲 언저리에서 생을 고민하고
아열대 유치운동으로 아티초크와 애플망고가 이민수속을 마쳤으며
건조주의보는 사막의 온도를 은근슬쩍 이식하고 있다

일백사 년 만의 가뭄에 4대강은 구겨지고
신토불이를 외치던 농심(農心)은 타들어 가는데
마을마다 거리마다 밤낮으로 기도하던 신(神)들은
무엇이 못마땅해 삐쳐 있는지 밤낮으로 묵묵부답이니
아무래도 최신형 보청기 하나씩 바쳐야 할 것 같다

이제 WMO(세계기상기구)에 이상기후국가 등급 상향조정
물 부족국가 등급 상향조정은 따 논 당상이니
신청 즉시 세계 역사상 최초로 묻지도 따지지도 않고
평가단 만장일치로 처리될 것이 뻔하다

하늘은 수묵화를 접고 또다시
듣도 보도 못한 따끈따끈한 풍경화를 시나브로 펼치고 있다
갈라져 가는 논바닥처럼 저 풍경화를 가르고
북두칠성만 한 바가지로 4대강의 물을 퍼다
좌-악 좍 뿌려 보았으면 속이라도 후련할 텐데

검사(劍士) 김지연

보름달이
동원아파트 옥탑에 걸려 막 넘어지고
흐트러진 볏짚 같은 구름 사이로
붉은 기운이 넘실대고 있을 무렵이었소

붉은 악마와 흑인군단의 치열하고도
미지근한 협상결과에
골 하나를 가불받고 싶은 심정을 억누르며
잠을 설치고 있었소.

그때 무사 김지연이라는 낭자(娘子)가 나타났소.
북방의 대국 아라사(俄羅斯)의 여인과 한 수 겨루고 있더이다.

무사의 혼이 없어진 줄만 알았소.
단군 이래로 비홍검 만한 검술이 없는 줄로만 알았었소.
내 잘못이오.
무사 김지연이 보여준 검술은 환상이었으며
낭자가 보여준 투지와 열정은
조선 무사의 혼이 그대로 살아있었소
저 프랑스의 영웅 소녀 잔 다르크도 이만은 못할 거외다.

그 천진하고 예쁜 낭자(娘子)의 가녀린 모습을 보시오
어디서 그런 투지와 열정이
어디서 그런 힘과 검술이 생겨나는지
도무지 감동 그 자체외다.

오늘도 살고 싶어지더이다.
그 낭자의 환희에 넘치는 함성을 들어 보았소이까
그것은 승리의 함성이라기보다는
생의 아름다움에 대한 외침이라는 생각이 든다오.
아, 난 오늘도 치열하게 살고 싶어지더이다.

그래도 단비는 달콤하다

섭씨 37도
하늘의 집착으로
대지는 가마솥처럼 끓고
해열제도 듣지 않는 복사열 때문에
첨탑처럼 늘어서 있는 콘크리트 상자들은
찜통이 되어 생명을 위협하고 있었다.

이글거리는 아지랑이 키가 작아질 무렵
용기를 내어 운동 길에 나섰다가
문득 아카시아 가지를 꺾어 잎을 따본다

사랑한다, 안 한다.
반반의 굴레를 짊어진 질긴 운명은
오늘도 변함없이 사랑의 음어를 해독하기 바빠
잎 하나 떼고 사랑한다,
잎 하나 떼고 안 한다
그러나 아카시아 잎은 헤아릴 수 없이 많아
이 여름이 다하도록 사랑의 결말은
결국 진행형이다

비가 내리고 있다
집착은 아직 끝나지 않은 듯하지만
누에 눈물만큼 내리는 비일지라도
타들어 가는 생명엔 꿀물보다 달콤하다

꺼지지 않는 불꽃

세상엔 꺼지지 않는 불꽃이 하나 있어요.
그것은 농민의 마음이예요.
농민의 가슴은 늘 타고 있어요.
가뭄이 들어도 타들어 가고
바람이 불어도 타들어 가고
오늘처럼 이렇게 비가 많이 오는 날은
더욱 더 맹렬히 타들어 가요

불꽃의 중심엔 사랑의 불씨가
숨을 쉬고 있어요.
농민의 가슴에서 타는 불꽃은 열정이예요
열정은 사랑의 불씨를 먹고 살아요
그래서 열정은
장마를 이겨내고 태풍을 이겨내고
가뭄과 한파도 이겨내죠
농민의 열정은 바로 사랑이예요

우리는 늘 사랑을 먹고 사는 거예요
농민의 가슴에 사랑의 불꽃이 꺼지지 않는 한
사랑을 먹고 자란 곡식들과
사랑을 먹고 자란 온갖 채소와 과일들이
우리의 식탁을 사랑으로 채워
우리의 몸과 마음을 사랑으로 감싸주는 거예요.

이보다 절묘할 수는 없다

어버이날 저녁
아들 녀석의 무뚝뚝한 말 한마디와 함께
들어온 카네이션 두 무더기
플라스틱 용기에 알록달록 고깔모자를 두르고
거실탁자 위에 한동안 흐뭇하게 앉아 있더니

탈이 났다
시들시들 기운을 못 차리고 인상이 구겨졌다
아내와 번갈아 듬뿍듬뿍 물을 준 덕분에
카네이션은 연못 속에서 숨을 꼴딱거리고 있었던 것이다
"안돼, 이대로 보낼 순 없어
아들 정성이 괘씸해서라도 넌 살아줘야 해"

부랴부랴 빈 화분에 새 흙을 담아 옮겨 놓고는
이건 내 꺼, 저건 아내 꺼 하고 구분을 지어본다

안도의 시간은 잠시뿐,
정성이 부족함을 비웃기라도 하듯
한 무더기가 결국 사망신고서에 도장을 찍고 말았다
"이거 당신 꺼지?"
"아니, 자기 꺼야."
헐~ 좌측 우측 구분이 안 된다

한쪽이 허전하다
대칭이 없다
궁리 끝에 형광등이 반짝

식탁 위 유리 화분
살집이 올라 단칸방에서 어기적거리고 있는 행운목
그래 너다

한 생이 머물렀던 자리
한 생이 다시 일어서는 자리 옆
모자란 정성으로 행운을 심어 놓았다

음력 8월 17일

지금 네 모습이
엊그제 네 모습일진대
어이해 너를 찾는 이
하나 없구나.

하여, 서운타 말아라
버거운 세상에
냄비 같은 근성으로
살다 보니 그리되었다

정월 보름이나 널 찾는 이 많다지만
달마다 널 찾는 이 있고
나처럼 수시로 널 찾는 이도 있단다.

하니, 그 쌀쌀한 표정 지우거라
그리움이란 언제나
네 가슴속에 포근히 잠자고 있는 것
한때의 웅성거림보다
은은히 다가오는 눈빛을 사랑하여라.

하여, 죽을 때까지
우리의 가슴속에 정(情)으로 남아라.

저기 저 달이
엊그제 그 모습 그대로인데
어이해 오늘은
찾는 이 하나 없나?

소쩍새는 지금도 울지 않고 있다

세 밤이 지나고
소쩍새는 울지 않았다
어쩌면 소쩍새는 울음을 보내던 내내 심령술사처럼
나의 마음을 다 보고 있었는지도 모른다는 생각에
덜컥 겁이 났다

어쩐 일일까
무슨 일이 있는 걸까
이젠 죽어도 다시는 울지 않겠다고
서러움에 겨워 온몸으로 울음을 삼키고 있는 것인지
내가 죽을 때까지 찾지 못하는 곳으로
훌쩍 떠나버린 것인지

그래 내가 널 보고 싶어 하였구나
밤마다 널 기다리고 있었던 게야
네가 그렇게 울고 있을 때 알았어야 했는데
미안하다, 내 미욱함이 또 다시 널 아프게 하였나 보구나
어떡하면 되겠느냐, 알려 주거라
내 이 자리에서 하염없이 기다리고 있을 테니
마음을 열고 돌아오너라
다시 한번 기회를 달란 말이다

기다림으로 새카맣게 타던 밤이
하얗게 채색된 채로 새벽을 달고 오는데
소쩍새는 지금도 울지 않고 있다
아-아, 소쩍새야
이제 널 다시 만나려면 또 어느 생을 기약해야 하는지

등을 긁어 주는 일

등을 긁어주는 일은
아무나 할 수 있는 일이 아니다.
등이 가려울 때
등은 자신의 손을 거부한다.
더더욱 지금처럼 어깨가 불편할 땐

오 분 대기조로 효자손을 쓰지만
썩 개운치가 않다
아무리 효자라지만 정성이 없다
아들도 마찬가지
건성이다
차라리 벽이 낫겠다.

어머니는 너무 멀리 계시고
마누라는 옆에서 코를 곤다.

등을 긁어주는 일은
정성을 주는 일이다
사랑을 주는 일이다

밤새 뒤척이다 새벽이 되니
마누라가 등을 긁으란다.
오선에 힘을 실어
두 줄을 긋는다, 벅벅

나도 긁어 달란다.
"아니 아니, 거기 날갯죽지 아래
그래 그 옆에서 조금 아래"
마누라와 품앗이를 한다.

등에 개운한 핏줄이 선다.
정이 물씬 들어앉고
사랑이 뭉실뭉실 피어난다.

등을 긁어주는 일은
함께 하는 일이다.

거울의 배려

거울은 저마다
마음이 맑아 제 속을 다
들여다보게끔 하여주는 듯하지만
정작 제 속은 단 한 줌도 보여주지 않고
철없이 내 속만 들여다보고 있다.

그 중 그 속을
조금이나마 짐작할 수 있는 건
목욕거울이다
내가 목욕을 할 때면
거울은 저 혼자 새침해져서
제 속을 들여다볼 수도
내 속을 들여다볼 수도 없게
제 얼굴을 가린다.

나는 거울의 무심한 배려로
아무 것도 아닌 궁상에서 벗어나
마음이 풀어지고 몸도 풀어진다.

한참이 지나
난 아무 생각이 없는데 거울은
언제 그랬냐는 듯 정색을 하고
그 마알간 얼굴로 내 속을 또
빤히 들여다보고 있다.

가슴 한편으로 휑하니 찬바람이 인다.

서부련

19공탄

단양팔경이라
청풍명월 어우러진 곳에
귀향인지 귀양인지
옥사(獄舍)같은 누옥(陋屋) 앞에서
이글이글한 19공탄 불을 피워
석쇠를 펼쳐놓고
가난의 껍질 같은 돼지껍데기를 굽는다.

옛날 19개의 구멍이 뚫려 있어
"십구 구멍탄"이란 어감이 좋지 않아
9공탄으로 불리던 연탄의 대명사
열아홉 순정 같은 뜨거운 불길
19공탄 연탄이
그리 멀지 않은 세월이건만
아득한 옛날 같은 그리움은
화롯불의 불씨처럼
추억 속에 남아 있다.

· 계간 참여문학으로 등단, 한국문인협회 회원, 21C 한국시인회 이사,
상황문학 동인, 참여시 동인, 동방문학 동인, 시인부락 동인
· 동인시집 : 마음 열고 숲에 서리라, 들풀 소리, 제 몫을 다한 화음
· 대입시학원 수학강사 역임, 고교 영어교사 역임,
특별법인 한국해운조합 지부장 & 기획, 홍보팀장 역임
(주)한림해운 상무이사 역임
· E-Mail : buryun@hanmail.net

예전엔
19공탄 100장 쯤 들여 놓으면
북풍한설 동장군도 오합지졸 같더니
지금은
돼지껍데기에 쐬주 한잔이면
진시황도 주지육림도 부럽지 않아
연탄불에 취해 이승을 하직하련?
쐬주에 취해 현실을 망각하련?
펼쳐 놓은 석쇠 위에
돼지 껍데기가 지글거린다.

필드의 18구멍이냐?
화덕의 19구멍이냐?
구멍이 숭숭 뚫린 가슴에
연탄불을 이어줄 집게 같은
꺼진 불을 피워줄 번개탄 같은
미끄러운 길 위에 연탄재 같은
사람이 그립다.

청보리 밭

6월 중순에 문학기행이라
고창 청보리 밭을 보겠다고
이른 아침 떼거리로 몰려갔더니
푸른 물결은 간데없고
황금들판만 출렁이네,

바람이 불면 물결이 일어
파도만 굽이치는 줄 알았더니
보리밭에 물결이 일면
보릿고개를 못 넘긴
망자들의 아우성인 냥
허기진 바람 소리 소란스럽네,

서릿발에 들뜬 보리 싹
얼을까 염려되어 밟고 또 밟아
흙 속에 묻던 그 옛날
이제는 청보리 누렇게 익어
등마루 높디높던 보릿고개 넘었네,

오늘은 보리밭에서
해도 못 본 순진한 여인들이
아쉬운 듯 분풀이 하듯
떼거지로 보리밭을 뭉개는데
우리 모두 떠나면
누우런 황금벌판 보리밭 등성이에
썰물처럼 한차례 바람이 일어

키만큼 자란 보릿대 휘청이면서
앞마당 쓸 듯 모든 흔적 지우겠네!

그 옛날 뜸을 푸욱 들여도
푸실푸실한 꽁보리밥을 먹으며
한 목숨 이어가던 시절이 서러워
관광버스 창 밖에 늘어선 인간들이
잘 여문 보리밭에 깜부기처럼 서있네!

시 ▶ 이동숙

5월 그 밤

실개울 올챙이 잠들고
닭장 옆 살구나무 위로
초승달이 마실 나오던
고향의 봄

하모니카 소리에
살구 꽃잎이 흔들리고
향기에 취하던
자색 도라지 밭 고라니
단잠을 자던

5월
그 밤

· 1960년 경남 거창 출생
· 2005년 《월간문학21》 등단
· 현재 경기도 광탄면 발랑리 거주
· 대한사이버문학회 동인
· e-mail : dongsook1118@hanmail.net

고장난 레코드판

가장 온화하고 단정한 모습으로
예배당을 들어선다

주기도문을 외우다가
우리가 우리의 죄를 사하여 준 것같이
우리가 우리의 죄를 사하여 준 것같이
우리가 우리의 죄를 사하여 준 것같이
더는 이어가지 못하고
고장 난 레코드판같이 한자리를 뱅뱅 돈다

문득
마음 한편에 숨어 있던
해묵은 미움 한 조각
부글부글 끓어 올라와
마음은 지옥이다

여전히
평온한 얼굴로
아멘
아멘

그냥

해돋이를 보기 위해
청량리에서 야간열차를 탔다
여행의 들뜬 기분과 나른함으로 잠이 쏟아졌다
문득 이대로 기차가 멈추지 않고
잠에서 깨지 않았으면 했다
그냥

정동진 배 카페 옆
동해가 근사하게 펼쳐져 있고
절벽 아래로
파도가 밀려왔다 쓸려나갔다
한동안
파도를 보는데 뛰어내리고 싶었다
그냥

기념상점에서 커피잔을 샀다
예쁘게 포장을 해서
고현정 소나무 옆 벤치에 놓았다
그냥

밤길

밤 9시 40분
금촌에서 백경수 가는 마지막 버스를 타고
발랑리 입구에서 내린다
천하대장군 지하여장군
단잠을 깨울까 봐
발걸음 숨죽이고
토란고 접어들면
목각 청둥오리 만들던 비닐하우스
머리 풀어헤친 여인네같이
펄럭이고
잰걸음 바삐 옮겨도
그림자
자꾸만 따라와
뒷덜미를 붙잡는다
고물상 철 대문
빼곡히 열려서 덜컹거리는데
집 어귀 들어서기도 전에
요크셔
캉캉 짖어 반긴다

살촉에게 묻다

휘파람 부는 공명 살로 인사하고
그가 떠났다
돌아오겠다는 말
없었다

대밭을 스치는
바람이 전하는 소식
승전보로 들리기도 했었고
불이 하늘에서 쏟아져 내리기도 했단다

먼 길 돌아
영집궁시박물관 전시실
한쪽
수렵도 속에
맨드라미 붉은 궁터 앞에
궁사의 모습으로
그가 있었다

말을 타고 떠나던 그 모습으로

안구 건조증

불덩이 하나가
위로 밀고 올라왔다
눈이 뜨끔뜨끔
잔 돌멩이 하나 굴러다닌다
뻑뻑하여
손등으로 눈을 비빈다
눈물도 나지 않고
머리까지 욱신욱신
아득하다
급기야는 동공에 상처를 내고
흐린 시야에서
늦가을이 허물어져 내렸다

펑펑
울고 싶은데
꺽꺽
소리만 삼켰다

열매는 없었다

올해는
닭장 뒤 도랑가
살구나무에 꽃이 피지 않았다

꽃을 피우기 위해
잔뜩 움츠려 있던 몽우리는
꽃눈을 틔우지 못하고 얼어버렸고
겨울이 계속되더니
봄도 없이 갑자기 여름이 왔다

살구나무 잎이 나고
여름이 짙어져 갔지만
빈자리가 자꾸만 넓어져 가고
열매는 없었다

청량리

입술 붉게 칠한 여인이
지나는 사내의 팔짱을 끼며
쉬어 가란다
사내가 당황해 하며
아기를 업은 아내를 가리키며
손사래를 쳤다
붉은 입술이 말했다
요염하고 당당하게
오빠 그래도 쉬어가

제천 가는 기차를 기다리는 노파에게
말쑥한 신사가 다가온다
노파의 손에 쥔 기차표를 보고는
자기도 제천 가는데 마침 자리가 남으니 같이 가잔다
가방을 들고 앞서는 신사는 으슥한 곳에서
노파의 금가락지를 빼앗아 달아나버렸다

불빛 휘청이는 쪽방
붉은 입술과 말쑥한 양복이
소주잔 기울이며 키득이고
청량리의 밤이 깊어간다

해녀

딸을 낳으면
돼지를 잡아 잔치하고
아들을 낳으면
엉덩이를 걷어찬다는
제주도
저승에서 굴을 따 돈을 벌어
이승에서 아들을 키웠다

음력 칠일
백조십일도령비가 있는 곳
소복을 입은 해녀가
글로 다 쓰지 못하여
입을 열어 다 말하지 못하여
순백의 무명천을 가슴에 대고 한을 담아
팽나무가지에 묶는다

팽나무에 걸어 둔 마음이
바람에 휘날릴 때마다
자꾸만
자꾸만
해녀의 한이 하늘로 떠간다

흔적

오면 반갑고
가면 더 반가운 손님이 며칠 머물다 갔다

똥오줌 기저귀 가득한 쓰레기봉투
가지고 놀던 곰 인형
잠 깨어 일어나 이불 한 귀퉁이 잡고
쪼르르 달려 나오며
함모니 하며 방긋 웃는 모습

나도 어쩔 수 없이 늙어 가는
할머니다

시 ▶ 임동미

낙서

어둠은 새벽을 부르고
선풍기 날개에 바람이 설다.
하루 긴 볕을 털듯 어스름한 불빛에 기대어
숨을 토하는 나는 밤을 잊었다.
그대라 부를 이름 하나 없는데
뒤척이는 몸부림에 부딪는 이불의 서걱임…
계절은 작년 그러께 아가들 웃음소리에 사라지고
하나 둘 늘어나는 순백의 머리카락
창문에 걸터앉은 달빛에 채인다.

• 현) 필리핀거주

하루

말하지 않아도 알 것만 같은 나이
어둠이 간지럽힌 하늘은 검푸르고 비행기 소리는 멀다
삐꺽이며 흘러가는 시간도 형광등 불빛 따라 졸면
젤 수 없는 죽음은 코앞에 있다

더 많이 사랑하자고 했던 되뇌임이
선풍기 바람에 날아가면 오늘도 비누거품처럼
술잔에 녹아든 하루가 있다

절망은 창밖 가로등 불빛을 어우르고
알 수 없는 괴성의 그네들은 나를 모른다

따글 따글 따글 따그글

그렇게 그네들 웃음 속으로 들어가 흔적도 없이 차이면
똑닥이는 시계 초침속에 하루는 잔다

* 이곳(필리핀)사람들 언어를 따갈로그라고 하는데 이곳 한인들은 그들이 말하는 것을 따갈따갈 거린다 말합니다.

솟대

드물 머리 간질이던 파도가
바람에 밀려 바위틈을 후려치면
속 깊은 바다는 잠잠한데
지나는 자동차 헤드라이트에 눈이 부시다
자리하고 앉은 창가 반쪽 달이
속내 없이 흔드는 해송을 뒤로
간데없는 기다림
멀리 수평선은 가이없고
목이 빠져 굳은 아낙 한 마리 기러기 된다

* 여천 앞바다 시인의 찻집에서 창에 놓인 솟대를 보다

시 ▶ 천홍자

인제 가는 길

하늘은 청명하고
햇살은 따사롭고
개망초 꽃 배웅을 받으며 인제로 간다.
까만 양복에 넥타이를 맨 신사
목마와 숙녀가 기다리는 그곳으로

인생은 슬프지도 외롭지도 않고
그저 시안에 새겨진 문구처럼 통속하거늘
낙엽이 떨어져 흙이 되듯이
인생도 절로절로 흙으로 돌아가고 있거늘

· 1959 경북 봉화 출생
· 2008년 '문학사랑' 수필부문 신인작품상 수상
· 2009년 '휴먼 메신저' 봄호 시부문 신인상 수상
· 대한사이버문학회 동인
· e-mail : kr6815@hanmail.net

파랑새로 오세요

목말라 시들어가는 매화나무에
촉촉한 봄비로 오신 그대
이제야 가지마다 꽃봉오리 맺혔네

봄비 내려 좋은 날 햇살이 뜨면
내 사랑 꽃봉오리 그대 위해 피려니
그대여 파랑새로 내 꽃일랑 따가오.

- 필명 : 모은(慕恩) • 계간 문예춘추 시 부문 신인상
- 텃밭문학 3, 4, 5호 공저. 신춘문예 47, 48호 공저
- 대한 사이버문학 12, 14, 15호 공저. 초동문학 1, 2, 3호 공저
- 2009, 2011 마음에 평안을 주는 시 공저. "카론의 강" 공저
- 2010 김시습문학상 수상. 2010 미국 에피포트 문학상 수상
- 저서 : 『삶이 없어도 그대 사랑이라면』
- 이메일 : ccj312@hanmail.net

상념 속의 겨울밤

항상 그 자리 그 시간에 뜨는 별처럼
잘 지내고 있을까 안부를 묻는 마음
그들의 근황을 궁금해 하는 기분은
감미로움과 쓸쓸함이 서리고

그들이 가는 길은 어딜까
어루만지는 꿈의 빛깔은 어떤 높이를 향할까
아롱진 생활의 문양은 혹여 고독할까
내가 나를 묻듯이
친숙함과 절박한 기류에 휩싸인 채
모두의 근황과 희망 허공을 더듬듯 헤아려 보네

멀고 먼 물리적 거리가 몽환처럼 아득해
시간의 저편 머문 듯 아련해
그럼에도 정교하게 일렁거리는 그리움
그대 날 보러 와 창밖에 서성이는 듯
가슴 설레는 차가운 겨울밤

그대 눈빛과 온기 불현듯 아득하여
미묘하고 다채로운 생의 열망 속에
사랑을 갈망하면서
상념 속에 빠져드는 깊어 가는 겨울밤.

한 해를 보내면서

아무것도
쥐지 않은 햇살처럼

한해 막장에 서서

쥐려고 쥐려고
아파했던 욕망

놓지 못한 근심
해치우지 못한 불안

손 활짝 벌려
허공으로 훌훌
날려 보내고

희망과 소망을 담아
새롭게 시작하는 한해
달려갈 준비를 하자.

당신이 내 곁에 있어서

저무는 한 해 끝
걸어온 뒤를 돌아보니
낯이 붉어짐은
함께 해온 날 모두
미안하고 고마움. 뿐

미안한 마음 뒤집어 보니
고마움으로 남고
고마운 마음 또한 뒤집어 보니
미안한 맘뿐이라

미안함으로 비벼지고
고마움으로 버무려진
붉으리. 물든 이 마음은
사랑이라 해야 하나요?

올 한해 당신의 넘치는 사랑
받을 수 있음에 고마웠고
당신을 사랑할 수 있어
행복했답니다

삶의 가파른 벼랑마저
당신이 있어
묘기 대행진처럼
어엿하게
오를 수 있었으니

추운 겨울
창가에 들이치는
한 줌의 햇살처럼
당신은 나의 희망입니다.

봄이 오는 소리

봉긋 돋아 오른 푸른 새싹
들려오는 생명의 노래
인내와 꿈의 합창 소리

연약한 풀이건
우리네 인생이건
살아 있음이 축복이니

세상은 참
아름다움의 전당이라
반짝이는 햇살처럼.

그대는 나의 단비였나 봅니다

세찬 비가 내립니다
나무들은 좋아라 춤을 추지만

슬픈 내 마음엔
쓸쓸히 비를 담습니다

촉촉해진 가슴 속에
그대가 들어오네요

이제서야 내 마음
활짝 웃고 있어요

그대는
나의 단비였나 봅니다.

봄 기별

창가에서 커튼을 흔들며
손짓하며 부르는 소리
봄이라는 친구가 마실 가자 한다

하늘은 물이 넘칠 듯 차올라
구름파도로 출렁이며
산으로 바다로 나가자 한다

유한한 인생길이기에
계절마다 상큼한 느낌으로
무한처럼 인생을 노래하잔다

무던히도 긴 고독의 일상에서
내 주름살 같은 세월을
봄마다 생기로 다시 펴 준다

창가에서 마중하는 봄바람
새소리에 깨어나는 새싹들
그래! 내 봄이다! 나의 계절이다.

믿음 하나만으로

하늘은 바람을 데려와
나뭇가지를 흔들거리고 있다

세월을 안고 달리는 나도
바람처럼 흔들거리고 있다

살아가는 동안 늘 흔들거리지만
하늘을 보며 다지는 각오가 있다

하늘을 닮은 넓은 마음으로
세상의 모든 것들을 사랑하리라

나보다 어려운 이웃을 돌보며
배려하는 부드러운 가슴을 펼쳐

힘든 일이 닥쳐도 미소 잃지 않고
희망의 연을 하늘에 띄우고 싶다

미약하지만 늘 꿈꾸는 모든 것들
나의 하늘은 지켜 줄 테니까.

비 오는 겨울날

쌓인 눈 위로 내리는 겨울비
하얀 세상이 사라지고 있다

아스팔트 위로 또르르
구르는 은구슬이 나를 부르고

설레는 마음으로 거리를 나서다
문득 스쳐 지나가는 내 유년시절

비 내리는 동네를 무작정 뛰다 보면
하나 둘 친구들 늘어나 즐거웠고

신이 나서 깔깔대며 좋아했던 동심
동그란 얼굴의 소꿉친구가 그리운 날

반짝이는 옛 추억들을 더듬어 보며
두 팔 높이 들고 빗물 가두기를 해본다.

임 마중

기다리다 지쳐
폭 잠든 사이 오시었나요

파랑새 퍼뜩이는 날개 소리
잠결에서 들었나이다

오늘 지나 햇살 밝아지면
뒤뜰 나가 앉으리라

살며시 찾아오실
당신을 눈물로 맞으리라.

시 ▶ 황의진

고향

고향에는 순이가
하얀 치맛자락 펄럭이며
산마루에 서서
노래 부른다네

노랫소리 듣고 싶어
고향으로 간다네
야윈 몸으로 고향에 가면
할머니가 된 그녀에게
노래 불러주려네

할미꽃에 앉아
흰나비
춤추는 곳에

· 1944년 7월 4일생
· 직업 황포농산 경영
· 대한사이버문학회 동인
· 전화 : 010-2624-2549
· e-mail : hej4@hanmail.net

미소요양원

이곳엔 항상 기다리는 사람들이 산다
물이 없어도 파도소리 들리고
나룻배 떠나간다
기다리다 지쳐서 누워있기도 하고
기다릴 사람 없어도 기다린다

덜그럭거리는 녹슨 휠체어
졸음도 올 만한데
주섬주섬 꺼내어 구시렁대는 사연
이슬비에 젖는다

벼르고 벼르다
미소요양원에 들렀다
어릴 때 고모 등에 업혀 잠이 들고
고모 입속에 든 사탕도 꺼내먹던 나
긴 세월 돌고 돌아
어둑어둑해서야 찾아왔다

못 보고 죽는 줄 알았는데
만나봐서 한을 풀었다며 흘리시는 눈물에
비를 몰고 가슴을 때리는 파도
터실 것 같다

밤이 깊었는데 나룻배 띄우려고
삼베적삼 벗어
울며 울며 돛을 만든다

비밀번호

아내의 제삿날이 되면
조용히 제사를 지냈다
슬픈 기억을 지우려고
아내 얘기는 입에 담지 않았다
아이들도
엄마 얘기를 안 꺼냈다

나는 한편으론
애들이 엄마를
그새 다 잊고 있는 줄 알고
서운하기도 했다

어느 날
큰애가 은행카드를 만들어 보내왔다
나는 전화로 비밀번호를 물었다
0000 이야
엄마 생일날로 정했어

지루한 날

한여름
허름한 양철지붕 밑 마루에서
허황한 공상만화 펼쳐놓고
엎드린 채 잠이 들었다

만화 속 주인공이 되어
잠재의식 맘껏 펼치다
소나기 떨어지는 소리에
설잠 깨어
아직도 서운한 눈으로
빗발이 사납게 쏟아져
아우성치는 숲을 바라본다

더위 한풀 꺾이던 소나기 멈추고
태양이 노려보는 말복 날
개고기에 소주 한잔
잠이 덜 깬 몽롱한 눈앞에
뱅뱅 돈다

어머니와 쥐

한쪽 다리가 부러져 벽돌로 받쳐놓은
건들거리는 절름발이 찬장 밑엔
늘 강아지만 한 쥐들이 득시글거리고 있었다
씰그러진 문짝을 비집고 들어가
사발로 마주 덮어놓은 밥주발을 벗기고
한쪽 귀퉁이를 뻥 뚫어서 파먹고 가곤 했다

귀밑까지 흰 수건을 푹 눌러쓰고 땀에 흥건히 젖도록
밭일하고 오신 어머니는 찬밥 그릇 꺼내어
쥐 먹은 곳 덜어내어 개밥에 떨어뜨리고는
남은 보리밥에 찬물 부어 오이지 반찬으로 허겁지겁
허기진 배를 채우고 나가시곤 했다

어느 날 쥐가 대낮에
찬장에 들어가 제상에 올릴 북어를 긁어먹는데
꼬리가 밖으로 길게 나와 있었다 어머니는
급한 마음에 맨손으로 꼬리를 감아쥐고 잡아챘는데
그만 손을 물려서 한동안 고생을 하셨다
그래도 쥐덫은 놓아도 쥐약은 못 놓게 하셨다
창자가 녹아서 죽을 텐데 오죽 불이 나겠느냐며

오늘은
고깃국에 쌀밥 한번 제대로 못 잡숫고 일만 하시던
어머니의 제삿날이다 상차림을 하다가 북어포를 보니
옛일이 생각나 북어 대가리를 잘라 문밖에 내놓고
그 옆에 술도 한잔 따라놓았다

어머니와 숨바꼭질하며 찬장 밑에 살던 강아지만 한
옛날 그 쥐가 오늘 밤 어머니를 따라서
함께 올 것만 같아서였다

상고대

첫사랑은
날 따라온 꽃이라네
꽃은 눈물에서만 피었다네

어느 날
나는 밤새워 울었다네
그러나 꽃은 피지 않았다네

그 후로도
내가 울 적마다
꽃은 끝내 피지 않았다네

눈물이
모여 모여 허공을 떠돌다
나뭇가지에 내려앉아

얼음꽃이 피었다네

임진 나루

임진 나루에
아지랑이 맑게 피어오르고
적벽에 철쭉꽃 내려와
푸른 물 붉어졌네

물속엔 살 오른 숭어떼
얼 비켜 수놓으며 노닐고
갈매기 한가히 나르는데
홀로 떠있는 나룻배 졸고 있네

언덕에 화석정
오백년 묵은 느티나무 푸르니
임진왜란 한밤 중 화광 속에
선조의 눈물 어른거린다

임진강의 눈물

나는 젊음이 다가도록
임진강을 넘나들며 농사를 지었다
아침에 건너가며 희망을 펼치고
저녁에 건너오며 지친 땀방울을 뿌렸다

많은 세월 동안
임진강물은 내려다보지 못하고
가로지른 4차선의 다리 저쪽
적벽만 바라보며 숨 가쁘게 다녔다
이제야 다리 밑으로
눈물이 흐르고 있음을 알았다

가족을 위해서라며
주위를 살필 겨를도 없이
일의 노예가 되어 가는 동안
값싼 외국 농산물은 몰려왔고
시대적 패배에 무릎을 꿇었다

지난날 한 번쯤
발밑에 흐르는 강물에
여유로운 감성에 젖어봤어도
이렇게 허무하진 않았을 것을
오늘 저녁노을은 유난히 짙게 내려앉는다

늙은 농부는 붉게 물든 두 손으로
눈물을 거두어 돌아간다

임진강이 바다가 되던 날

비가 폭포처럼 쏟아져
물이 임진강으로 모여들었고
바다는 목이 메어
물을 받아들이지 못하고
위로 토해내고 있다

임진강으로
바다가 올라왔고
바다는 점점 넓어져 가고
물은 위아래가 뒤섞이어
팥죽처럼 검붉게 끓고 있다

문산 시내로 배가 떠다니며
허우적거리는 사람들을 건져내고
동파리 내 전장은 모두
바다 한가운데가 되었다

며칠이 지나자
바닷물은 제자리로 돌아갔지만
문산역에 기찻길은 엿가락처럼 휘었고
농경지는 황무지가 되었다

시내에 몰려나온 사람도
논밭에 주저앉은 농부도
시치미 떼고 파랗게 개인 하늘
태연하게 흐르는 강물을 바라보며
기가 막혀 한숨만 짓고 있었다

통일대교

새로 개통된 통일대교로
현대 그룹 회장이 소떼를 몰고
보란 듯이 건너서 북으로 갔다

옛날 6.25 동란 때 독개다리 위로
남쪽의 죄 없는 청년들과 함께
아버지도 인민군에게 끌려갔다

새로 고친 자유의 다리로
납북된 포로들이 일부 돌아왔지만
아버지는 끝내 소식이 없었다

그 후 나는 고아가 되어
미군 부대 음식찌꺼기로 연명하고
보육원과 친척 집을 전전했다

사회가 어느 정도 안정되자
친구들은 국외로 나가
돈 벌어 남부럽지 않게 살았는데

나는 아버지가 납북됐다는 이유로
연좌제에 걸려들어 국외취업은 물론
사회활동 제한을 받아 실업자로 살았다

아이러니하게도 꽃다운 청년들을 납치해서
무참히 잘 죽여줬다고 북괴들에게

고마워서 소까지 끌어다 주는 모양이다

임진강 건너엔
억울하게 죽은 사람 위에
살인자들이 여전히 당당하다

커피 믹스

태고적 흘러내리는 용암의 홧홧한 분출
사르르 새벽안개 피어오르는 분화구에
밤샘의 깊은 깨우침 고즈넉이 보고 있다.

잔잔한 연못 속에 조약돌 던져 놓고
소용돌이 거푸치는 아수라 천형의 일탈
살며시 입술 적시며 온몸으로 느껴본다.

가슴팍을 타 내리는 느긋한 가을의 향기
두 손 모아 공손히 비손하듯 맞이하면
환하다,
세상이 열린다,
한 스푼의 따스함이.

• 1956년 서울 출생
• 한울문학 시로 등단. 문학사랑 시조로 등단
• 문학사랑문인협회 회원. 한국문인협회 회원. 대한사이버문학회 동인
• 문학사랑 제18회 인터넷문학상 수상
• 시집 : 『풍경소리』 출간(2009)
• e-mail : 15725@hanmail.net

산당화 봄을 밀다

살포시 입 벌리고 덧창문 열어젖히며
빨간 혀 조심스레 지긋이 밀어 올린다.
한 여인
옷고름 풀듯,
골바람 밀려오는 날.

귓불에 온기 스쳐 뉘도 몰래 농익은 봄
물관 체관 온몸으로 땅심 한껏 빨아대고
벌 나비
화관무 추며
봄의 환향 즐긴다.

간질이던 남실바람 몸속을 파고든다.
아직도 따스하게 남아 있는 그대 온기
양 볼에
향기 머금은
터질듯 한 앙가슴.

야경막

별빛 달빛 어우러져 무더기로 쏟아지면
거리는 온통 어둠으로 사무쳐가고
고양이 눈빛으로도 밝힐 수 있는 세상이라.

엇박자 뾰족구두 짧고 바쁜 도마소리
새벽이 부끄러운 고개 돌린 짧은 치마
삼십 촉
백열등 달군
노숙자들의 대피소.

취객의 몸 기울기 엇박자로 흔들리고
짝짝이 호루라기소리 날카롭게 들려오는
4시간
길고도 짧은
방랑자들의 유배지.

수탉

뒤늦게 태어나게 했었는데, 분명히.
뒷자리에 서 있으라 했는데, 어제도.
더운 날,
다들 힘없이
고개 숙이고 있는데,

벼슬 살짝 누이고
가슴 당당히 내밀고
눈 부라리는 저 맨드라미,
그 기세 정말 좋다.

꼼짝 마!
누가 담을 넘어?
남 몰래.
백주 대낮에.

소나기

허겁지겁 달려와
흠뻑 젖 먹여 놓고

가슴 여밀 시간도 없이
뒷정리도 다 못하고

또 간다.
머리에 함지박 이고
새참 나갈 시간이다.

칠산의 곡(哭)

1
칠산교회 험한 언덕 일보일배 끌고 가는
마르고 지치고 지쳐 몸통조차 굳어 버린
저 숱한
지렁이 행렬
순교자 그들이었다.

2
자유가 이끌고 온 칠산 앞바다 기름진 어장
수 천 수 만 개구리울음 풍년가로 외쳐 들고
은비늘
조기떼 배도
금빛으로 젖어 간다.

우렁차던 파도마저 되 숨소리 잦아들고
교회당 저녁 종소리 노을 속을 파고들면
피맺힌
순한 백성들
눈자위 같은 저녁놀.

거울

문득 마주하고 씁쓸히 웃음 짓던 날
어느덧 눈 꼬리는 아래로 처져가고
한 가닥
삶의 꼬리도
고개를 떨어뜨린다.

세월 속 시달림에 눈망울은 흐려져도
눈부처 나를 향해 비손을 하고 있다.
햇빛에
반짝이는 것은
물들어가는 흰머리

헝클어진 눈썹 위로 생의 길은 깊게 파여
애면글면 속 태우며 공든 탑 쌓지 않아도
스스로,
제 갈길 가는
내 분신을 옆방에서 본다.

벌집을 먹는 이유

몇 권의 시조집을 지인들께 보냈다.
받아 본 시인들이
고맙다는
문자가 왔다.

톡 쏘는
그 짜릿한 맛
곰이 벌집을 먹는 이유

폭포 단상

1.
투망을 던져 놨나,
통곡소리 들리더니
은백색 송사리들이 빼곡히 걸려 있다.

그 눈물,
메아리 되어
골짜기 빠져 나간다.

2.
스크럼 짠 선수들이 어깨 서로 맞대고
힘깨나 쓰고 있다.
발 밑 푹푹 빠지며

어느덧,
흥건히 땀 흘러
잠방이를 적신다.

3.
안방에 외할머니
단장을 하고 계시다.
가루분 곱게 바르고
눈썹도 고르시고

흰 머리,
동백기름 바르고
참빗으로 훑고 있다.

수필

http://cafe.daum.net/hankuk2003

▶▶▶ 수필

수필 ▶ 박은경

춤바람

정월 초부터 온 동네가 춤바람이 났다. 흥겨운 음악과 함께 어른 아이 남자 여자 모두들 신이 났다. 백인들이 대부분이지만 흑인도 있고 미국 인디언도 보인다. 물론 나 같은 동양인도 함께 한다. 처음에는 간단한 투 스탭(two step)을 소개받고 이어 왈츠(waltz)와 힙합(hip hop) 그리고 스윙(swing)까지 매주 다양한 춤을 배운다. 다음 주에는 무슨 춤을 소개할 지 궁금하기 그지없다.

춤바람이란 말에는 약간의 부정적인 뉘앙스가 숨어 있다. 왠지 뉴스에 가끔 등장하는 불법 댄스 교습소가 생각나고 제비나 꽃뱀이란 단어도 연상이 된다. 육칠십 년대 시골 조용한 동네에까지 퍼진 아줌마 춤바람도 아련한 기억으로 남아있다.

그런데 이렇게 대대적으로 동네방네 춤바람을 퍼트리는 그 주인공은 바로 우리 목사님이다. 작년부터 내가 다니기 시작한 이 교회는 십 년째 시 문화회관을 매주 빌려 쓰고 있다. 그래서인지 몰라도 여느 교회와는 여러모로 분위기가 많이 다르다. 우선 건물 내부가 소극장 같은 형태로 되어 공연을 보는 느낌인데다 목사님의 복장도 청바지와

· 1961. 10. 14(음). 서울
· 《문학사랑》 수필부문 신인상 당선
· 서울에서 고교 마치고 미국으로 건너가 어학과 교육신학을 마침.
· 문학사랑 문인협회 회원. 대한사이버문학회 동인
· 현재 미네소타 주에 거주
· e-mail : ugk7439@hanmail.net

티셔츠 그리고 잠바 차림이다. 또한 5인조로 구성된 멋진 밴드가 예배 전에 찬양을 인도하고 있다. 홍대 앞 밴드 공연에 가 보지는 않았지만 찬양 밴드의 강렬함과 그 열기는 가히 비교할 만하다. 목소리 높여 노래 부르고 손뼉을 치는 사람, 필찍 펄찍 뛰는 사람, 두 손을 흔들며 흐느적거리는 사람 등등 그 모습도 다양하다. 상식적으로 알고 있는 정장 차림에 엄숙한 분위기의 교회만 보다가 처음 이 곳에 왔을 때는 적응하기가 조금 힘들었지만 다른 곳에는 없는 아주 독특함이 이 곳에 있었으니 그것은 토요일 저녁 예배였다. 부득이하게 주일 아침에 일을 해야 하는 나 같은 사람에게는 참으로 다행한 일이다. 좀 더 많은 사람들을 만나기 위해 격식을 벗어버리고 토요일 저녁과 주일 아침에 두 번 수고하시는 그 분의 마음이 두 개의 열매로 이어지길 바란다.

춤바람을 말하면서 2012년 최고의 춤꾼 "싸이"를 빼 놓을 수는 없다. 전 세계를 우스꽝스런 말춤으로 들썩이게 만든 그는 과연 춤바람을 부정적으로 볼까 긍정적으로 볼까. 또한 징을 치며 꽹과리를 두들기면서 온 마을 사람들이 하나가 되는 신명나는 풍물놀이는 어떠한가. 그 누구도 이런 것들을 나쁘다거나 부정적인 눈으로 보지는 않을 것이다. 다만 남들의 눈을 피해 숨어서 하기에 나쁘다고 평을 하는 게 아닐까.

우리의 춤바람은 동네방네 모두를 불러 모아 대 놓고 판을 벌려 체계적으로 배우고 있다. 사실 춤에 빗대어 본인 자신과 대인 관계를 생각해보는 시간이다. 춤을 시작하는 첫째 주, 투스텝은 춤의 가장 기본이기에 왼 발, 오른 발을 떼어놓으며 왼발에는 평안과 질서를 오른발에는 화합과 하나 됨을 만들고 있다. 그렇게 투스텝을 통해 춤추는 사람들은 친밀해지고 하나가 되어간다. 만약에 여러 사람이 어울려 함께 춤을 출 때 어떤 이가 중구난방 마구잡이로 춤을 추게 되면 자칫 본인이나 옆 사람이 다치게 될 수도 있다. 스스로를 절제하며 잘 하는 사람을 보고 배우는 것도 좋은 방법이다.

왈츠를 배우는 날 무대-강단에는 멋지게 차려 입은 커플이 나와서 우아한 동작들을 선보였다. 결혼 생활을 왈츠를 추는 것처럼 하자는 것이 주제였다. 서로에게 충실하고 존경과 사랑하는 마음, 그리고 서로에게 감사하는 마음이 넘칠 때 상대에게 기쁘게 순종하고 또 유순해지기 때문이다. 힙합은 젊은 학생들이 나와서 경쾌한 동작들과 멋진 헤드 스핀을 보여주었다. 부모와 자녀들과의 관계도 내 맘대로 되는 것이 아니다. 먼저 자녀들은 부모에게 즉시 순종하고, 끝까지 순종하며, 기쁜 마음으로 순종해야 한다. '나중에' 라는 말과 반토막짜리 순종, 마음에 없이 억지로 하는 일은 좋은 결과를 만들기 어렵다. 부모들은 무엇을 하는가. 자녀들을 바르게 이해하고 그들과 눈높이를 맞추며 때에 맞는 적당한 지원과 격려를 해 주어야 한다. 어릴 때는 어린아이가 지킬 수 있는 기준을, 성장한 후에는 그에 맞는 조건을 제시하는 것도 부모의 몫이다. 어리석은 부모의 잘못으로 탈선한 청소년을 볼 때 나는 안타까운 마음이 더욱 크다.

지난주에는 스윙이 멋진 꼬마 신사와 꼬마 숙녀를 보았다. 스윙에 맞춘 주제는 직장 상사와 부하 직원의 관계- 윗사람과 아래 사람의 복잡 미묘한 상황이다. 로마 시대에 노예와 주인의 관계를 생각해보면 아랫사람의 순종은 주인의 말이 제안이나 암시가 아닌 절대 명령이다. 그리고 그 순종은 본인의 결정에 의해 실행된다. 경기장의 선수가 심판의 말을 무시하고 경기에 어긋나는 행동을 할 때 그 결과는 경고장을 받거나 퇴장을 당하기도 하는 것처럼. 또 외삼촌 라반 밑에서 일하던 야곱처럼 한 마음으로 즐겁게 순종하며 좋은 결과를 기다려야 할 것이다. 삼촌에게 속아서 약혼녀 라헬 대신에 레아를 아내로 맞게 되었지만 라헬을 사모하는 까닭에 칠 년을 더 같은 마음으로 일 했던 야곱을 기억하자. 성경에 보면 삼촌이 열 번이나 약속을 어겼어도 여전히 한결같은 마음으로 일을 했다고 한다.

지금도 우리의 춤바람은 현재진행형이다. 두 주 정도 댄스를 더 배우고 나면 2월 둘째 주일 오후에는 근처의 대형 음식점에 전 교인을 위한 예약이 되어 있다. 한 달 이상 계속되는 춤바람의 마무리를 맛있는 식사와 함께 실제로 춤 동작을 배워 한바탕 제대로 놀아 볼 계획이란다. 그 옛날 다윗 왕과 이스라엘 온 무리가 기쁨에 겨워 여호와의 법궤 앞에서 힘을 다하여 뛰놀았던 것처럼 나도 그렇게 뛸 것이다. 멋진 춤 동작들이 우리 생활에 어떻게 적용되는지, 얼마나 신나는 일인지는 차차 두고 볼 일이다.

아보카도와 사랑초

당신은 사랑받기 위해 태어난 사람~~~

노랫말처럼 사람들은 사랑을 주고 또 사랑을 받는다. 동물들과도 사랑을 한다. 애완견이나 애완 고양이와 주고받는 사랑이야기를 많이 듣는다. 식물들도 사랑을 할까? 한번쯤 생각해 볼 일이다.

나는 아보카도를 즐겨먹는다. 한 번에 여러 개를 사다가 냉장고에 두고 식사 때마다 하나씩 쪼개어 먹는다. 건강과 미용에도 좋고 포만감도 있어 밥을 적게 먹게 되니 일석삼조라 하겠다. 검푸르게 잘 익은 아보카도 중간을 둥글게 돌려가며 칼집을 넣어 양손으로 비틀면 반으로 딱 쪼개진다. 갈라진 한쪽에는 탁구공만한 씨가 붙어있고 반대쪽은 움푹하게 씨 자리가 패여 있다. 남편과 반쪽씩 나눠먹기도 하고 먹기가 싫다하면 씨 없는 반쪽을 작은 접시에 엎어 두었다가 먹곤 한다.

일주일에도 몇 개씩 나오는 이 씨앗을 그저 생각 없이 버리다가 혹시나 하는 생각에 흙이 담긴 빈 화분에 찔러 넣고 흙을 덮은 후 물을 주었다. 그리곤 잊어버리고 있었는데 어느 날 보니 송곳처럼 뾰족하게 싹이 올라오는 게 아닌가.

아보카도는 열대과일로 커다란 나무에서 나는 걸로 알고 있었는데 우리 집 안 화분에서도 싹이 나고 자란다는 게 무척 신기했다. 일단 싹이 올랐으니 한번 열심히 키워보자는 마음에 화분을 볕이 잘 드는 창가에 두고 흙이 마르지 않게 물을 주며 지켜보았다. 송곳 끝처럼 올라오던 싹에서 서너 개의 잎이 녹차 잎처럼 갈라지더니 점점 자라서 제법 나무모양새를 갖추어간다.

나의 사랑 아보카도는 그렇게 키가 자라고 잎이 늘면서 창가의 가장 좋은 자리를 차지하고 있다. 그런데 집안이어서일까 아니면 원래 제 환경이 아니어서일까. 멀쑥하게 키만 크고 약해보이며 휘청거렸다. 나는 전에 키우던 벤자민트리 생각이 나서 원래 있던 아보카도 옆에 씨앗 두개를 더 심었다. 그리고 새로 나온 싹이 어느 정도 자랐을 때 세 나무의 줄기를 조심스레 꼬아서 튼튼한 아보카도 나무를 만들었다. 이젠 멀쑥하게 커 보이지도 외로워 보이지도 않고 튼실한 나무로 그 모습을 뽐내고 있다. 때론 바빠서 물주기를 잊어버리면 잎이 축 늘어진다. 얼른 물을 주고 미안하다고 사랑한다고 말을 건네주면 다음날은 바로 생기가 돌고 이파리들도 하늘을 향해 만세를 한다. 어디선가 들은 얘기로 식물들도 사랑해주고 말을 걸어주면 더 잘 자란다는 게 맞는 말인 것 같다.

이름에 사랑을 달고 사는 식물이 있다. 우리 집 사랑초. 이 귀여운 녀석을 소개하고자 한다. 내가 사랑초를 처음 만난 곳은 광주에 살 때 자주 오르던 무등산이었다. 부지런히 걷거나 쉬엄쉬엄 걸어 올라도 산중턱쯤에선 꼭 쉬어 가게 된다. 등산객들의 오아시스, 그 곳이 바로 당산나무집이다. 수령이 수백 년은 족히 되어 보이는 당산나무 아래에 평상이 놓여 있고 나무 주변에는 집 주인이 가꾸는 화초들이 있다. 하트모양의 보랏빛 고운 이파리와 야리야리하게 숨은 듯 하얀 꽃무리들. 그 때 함께 간 친구한테 들은 사랑초 이야기는 내 마음에 감동을 주었고 나중에 이 화초에 관심을 보이는 다른 사람들에게 꼭 전해주는 이야기가 되었다.

그 후 미국에서 살며 어느 가게에서 이 꽃을 만났을 때의 그 기쁨과 반가움은 머나먼 고향을 다시 찾은 느낌이었다. 그 날 나와 함께 집에 온 사랑초 화분은 지금도 티브이 위에 앉아 나의 눈길을 사로잡고 있다.

사랑초를 사랑하며 매일 물을 주고 보살피던 어느 날이었다. 자세히 살피고 사랑했건만 시름시름 기운을 잃더니 그만 안녕을 고하는 게 아닌가. 나중에 알고 보니 화분 바닥에 물빠짐 구멍이 없어 위에서 보기와는 다르게 뿌리에 홍수가 난 것이다. 그때에야 너무 지나친 사랑은 질식사를 일으킨다는 사실도 깨달았다. 그렇게 죽어버린 사랑초 화분을 구석에 쳐박아 둔 지 얼마 지났을까 놀랍게도 화분에 새 싹이 오르고 화초가 다시 생명을 되찾았다. 참으로 놀라운 게 살고자하는 의지인가보다. 나는 조심스레 화분을 갈아 주고 이제는 넘치지 않게 사랑해주며 새로 피어난 나의 사랑을 가꾸고 있다.

그때로부터 일 년이 지났을 무렵 화분에 넘치도록 가득한 사랑초를 분갈이를 했다. 반을 갈라 화분 두 개에 갈라 심었고 얼마 전 인터넷에서 배운 대로 꺾꽂이도 시도해봤다. 새 화분에 흙을 담고 사랑초 줄기를 몇 개 꺾어 꽂아 두니 새 화분이 되었다. 새 화분을 만들며 키다리 아보카도 씨앗도 가운데에 묻어두었다. 사랑초는 키가 한 뼘 정도자라지만 아보카도는 아래 한 뼘 정도는 잎이 없이 쑥 자라는 키다리이니 둘을 함께 키우면 잘 어울릴 것 같아보였기 때문이다.

그런데 인터넷 정보가 틀린 것일까 아니면 내가 잘못 심어서인가 사랑초 줄기가 말라 죽어간다. 쉬운 게 없구나 싶어 포기하고 아보카도나 잘 키워야지 생각하고 지켜보았다. 그런데 우와! 사랑초 잎사귀가 말라버려 뽑아 낸 자리에서 새 싹이 두개나 올라온다.

너무나 신기하다. 생명력이 강한 사랑초는 잎이 말라가면서도 자신의 흔적을 흙 속에 남겨 기어이 뿌리를 만들고 새 싹을 올려 낸 것이다. 성경에 나오는 한 알의 밀알 교훈을 떠올려본다. 죽음으로 다시 사는 생명의 신비이다.

우리 집 아보카도와 사랑초 이 둘의 사랑 또한 기가 막힌다. 내가 일부러 그런 것은 아닌데 빛을 따라 몸을 움직이는 사랑초 한 줄기가 아보카도를 감아 안고 있다. 마치 나팔꽃 넝쿨이 나뭇가지를 타고 오르듯 사랑초 한 줄기가 다른 줄기들보다 더 길게 자란 것이다. 아보카도가 곁에 있지 않았다면 사랑초가 그리 길게 자라 오르지 못했을 것이다. 소나무와 바위처럼 매우 달라 보이는 이 둘도 참으로 멋진 사랑을 이루어 내고 있다. 기후와 환경이 전혀 다른 곳에서도 잘 자라는 아보카도와 오뚝이처럼 두 번 세 번 죽었다가도 다시 살아나는 사랑초처럼 나도 이곳 미국에서 죽을 힘을 다해 살며 사랑하리라.

오감의 계절, 가을

투명한 유리 찻잔에 노랗게 우러나는 국화 송이를 보면 마음이 벌써 편안해진다. 그윽한 그 향기가 머리를 맑게 하고 두통을 없애준다 하여 아끼며 조금씩 마시는 고향의 맛이다. 시월 초 며칠 동안 계속된 영하의 밤 기온이 화단의 꽃들을 다 죽이고 아쉬운 마음에 사다 놓은 두개의 국화 화분이 호텔 입구를 지킨다. 내 고향 선운사 서정주 시인의 마을에 가면 천지 사방에 가득한 고향의 빛이다. 꽃이 시들더라도 화분을 잘 간수했다가 내년에는 정문 입구 화단에 심어봐야지. 이곳 날씨가 워낙 춥고 겨울도 길지만 그래도 잘 적응한다면 내년에도 꽃을 볼 수 있으리라. 라일락도 수국도 양쪽 입구에 자리를 잡아 작은 나무로 자라며 꽃을 피우는데 국화라고 못하라는 법은 없으리.

이곳에 와서 산 지가 햇수로 육년이건만 아직도 날씨에 적응하기가 힘들다. 나뭇잎이 하나 둘 고운 옷으로 갈아입나 했는데 찬 서리에 우수수 낙엽 되어 거리에 몰려다니고 못된 바람이 한바탕 지나간 후에 사과 농장에선 멍들고 떨어진 사과들로 울상이다. 우리 수영장의 단골 할머니 한분이 주신 주먹만 한 사과 한 봉지로 갈아서 주스도 만들어 먹고 빵과 과자도 만들어 나누어 먹었다. 그냥 먹기에는 눈이 감길 만큼 신 사과가 껍질째 잘라 빵과 과자를 만드니 그 상큼함이 맛과 향으로 눈길을 사로잡는다. 유독 사과를 좋아하던 친정 언니 생각이 절로 나는데 꽁꽁 싸서 특급 우편으로 보내면 상하기 전에 도착하려나?

한국과는 달리 이곳 시월은 호박을 제일 먼저 연상하게 된다. 미국 땅에 아무리 넓다 해도 아마 전국의 모든 식품점에 늙은 호박 진열대가 입구를 차지하고 앉았을 것이다.

시월의 마지막 날인 할로윈에 호박 귀신 얼굴을 만들어 대문을 지키게 하는 미국인들의 풍습이 마케팅에 끼친 영향이다. 덕분에 난 해마다 손쉽게 늙은 호박을 구해 호박떡과 호박죽을 만들어 먹고 남은 호박은 썰어 말려 두었다가 필요할 때에 꺼내어 쓴다.

지난주에는 감기약 대용으로 아담한 호박 한 덩어리를 사서 뚜껑을 따고 속을 파 버린 후에 꿀 반병을 들어붓고 푹 고아 부지런히 먹고 있다. 처음에는 달달한 맛으로 먹고 나중에는 약이라 억지로 먹고 어제는 아까워서 바닥까지 박박 긁어 먹었다. 호박 귀신 놀이에는 관심이 없어도 할로윈 특식으로 이번 주 교회 간식은 호박떡을 만들어 가져가야겠다. 지금 호텔 로비 탁자에는 항아리만한 늙은 호박이 밤송이 대신 솔방울 호위를 받으며 마른 옥수수들과 견과류들 가운데 그 풍만한 몸매를 자랑하고 있다.

이곳의 가을 하면 빼 놓을 수 없는 것이 또 하나 있다. 바로 사냥을 허락하는 헌팅 시즌이 시작되는 것이다. 직접 보지는 못했지만 두 시간 거리의 전에 살던 동네에서는 곰 사냥도 한다고 했다. 이곳은 오리나 거위 같은 새 사냥을 허용하고 사슴사냥도 연중행사로 대대적으로 하고 있다. 어떤 이들은 이 때 잡은 사슴고기를 잘 손질해 얼려두고 한 해 내내 먹는다하니 경제적으로도 상당한 도움이 된다 하겠다.

아직 시즌이 시작되지는 않았지만 지지난주에 와서 한 주 내내 있다 간 텍사스 주에서 온 총각들은 커다란 사슴 두 마리를 잡았다고 한다. 낮에는 쉬고 자정 넘어 나갔다가 아침녘에 들어와 출출한 배를 채운다. 이들은 사람 냄새를 없애고 자연과 하나가 되어야하기 때문에 샤워도 안하고 방도 지저분하기 짝이 없다. 멀쩡한 신사들이 사냥을 위해 한동안 수염도 기르고 완전 산 사나이로 변신하는 모습은 조금 우습기도 하다. 갈대밭을 누비며 나무들 사이에 숨어 밤이슬을 고스란히 맞아 내면서 지나는 바람소리 하나에도 귀를 쫑긋 할 것이다. 또한 방아쇠를 잡고 있는 손가락의 느낌과 명중했을 때의 그 느낌은 본인이 아니면 모를 것이다.

사실 얻어먹어 본 사슴고기의 맛은 기름기가 없어 퍽퍽하고 야생 냄새도 나는 듯해서 영 별로였지만 그건 내 개인적인 생각이고 옛날처럼 사냥을 꼭 먹기 위해서 하는 것도 아닐 것이다. 오감의 만족을 위해 한해를 꼬박 기다려 친구들과 또는 가족과 함께 추억을 만든다면 그 또한 좋지 않은가.

비록 총을 들고 사냥을 나서지는 않더라도 이 가을 조용히 오감 여행을 떠나 보시라. 고운색의 산 너머 하늘빛을 보고, 홍시의 달콤함과 감귤의 새콤함이 여전한지, 전어 굽는 고소함이 매캐한 연기와 어떻게 어울리며, 억새 잎을 어루만지는 가을바람소리를 들으면 시 한 수 저절로 떠오르지 않을까. 무디어가는 나의 감각이 다시금 새로워지지는 않을까.

생명의 존귀함

어머님을 위시한 노인들이 외롭다고 푸념하는 소리를 많이 듣는다. 그러나 내 생활 자체가 모친을 모실 위치가 안 되다 보니 항시 마음의 가시처럼 어머니께 죄스러울 뿐이다. 남들은 아직 어머니가 살아계시니 얼마나 좋으냐고 말하지만, 이런 이야기를 들을 적마다 죄스런 마음이 배가 된다. 그런데 이제는 어머니를 차제하고라도 내가 외로움을 타는 나이다 보니 점점 줄어드는 수입과 운명을 달리하는 친우들의 모습과 기세 등등했던 과거의 모습을 상상하면 외로움 또한 배가 되는 듯한 느낌을 갖는다.

그러다 보니 이 지구상에서 존재하는 여러 종류의 생명에 대하여 존귀함을 느끼게 된다. 농촌에서 농기계를 대신해서 일을 했던 누렁소의 일생을 기억하는가? 외양간에서 같은 집안에서 먹고 자고 같이 생활하던 그 동물을 어찌 도살을 할 수 있을까? 때로는 자녀의 학자금이나 결혼자금으로 소를 팔고는 몇 날 며칠을 가족들이 울고불고 했었다니… 어디 소 뿐이랴, 개 돼지 닭 등 모든 동물들도 사람과 같이 공유하면서 살다가 사라진다니 얼마나 슬픈 일이겠는가? 평생을

· 대한사이버문학 6호~19호까지 표지화백
· 대한민국미술대전 4회 입상
· 단원미술대전, 경인미술대전, 전통미술대전 초대작가
· 구상전 장려상
· 기타 공모전 이상
· 현 부천한국화협회 회장
· 현 부천미술협회 한국화 분과장

같이 생사고락을 같이했던 인간이야 그 슬픔이 오죽하랴….

육식은 우리 인체에 꼭 필요한 영양소이겠지만 나이가 듦으로서 그 편견이 달라졌다. 고기를 보면 음식이라고 생각하기 보다는 하나의 생명체로 보여서 지난날 보다는 식음을 자제하게 된다. 근래에는 FTA 발효이후 고기값이 저렴 해지다보니 많은 사람들이 육식을 더 선호하게 되었다. 그에 따른 질병들이 과거보다 늘고 있음에 사람들은 의식을 하지 못하는 듯하다.

모든 생명체들은 죽음을 두려워한다. 하다못해 식물들도 알게 모르게 죽음 앞에서는 나약해지거늘 동물들이야 오죽하랴. 조물주가 약육강식이라는 원칙을 만들었는지는 몰라도 초원에서 벌어지는 살육장면은 보기에 끔찍하다.

예년에 비해 암 환자도 상승되고 있다한다. 어느 음식에서 오는 이유를 차제하고라도 각종 매연과 스트레스 등은 우리들을 불안하게 만들고 있다. 그렇다고 이런저런 이유로 모든 것을 염두에 두고 생활한다면 그 또한 스트레스에 원인이 되기도 할 것이다. 그러니 결과적으로 우리에게 주어진 삶에 넘치지 말고 살아야한다는 결론이다.

가끔 갖게 되는 불만은, 왜 인간은 세끼를 먹도록 되어있는가? 라는 것이다. 아니면 이렇게 바쁘게 일하지 않고 여유롭고 편하게 지낼 수 있지 않을까? 게으름의 소치라기보다는 우리는 너무 바쁘게 살고 있다. 우리보다 못 사는 나라 사람들의 얼굴에서 미소가 떠나지 않고 여유롭게 거리를 활보하는 사람들을 보면 너무 부럽다. 하지만 모든 것은 마음에서 우러나온다나? 아름다운 생활의 여유로움은 마음먹기에 달렸다니 각성 해볼 일이다.

인간에게는 얼마만한 땅이 필요한가?

톨스토이 전집에는 하나의 신을 전제로 한 이야기가 많다. 그중에서도 내가 가장 감명 깊게 읽은 책은 (인간에게는 얼마만한 땅이 필요한가?)이다. 읽은 지 한동안 되다보니 내용이 제대로 맞는지 어떤지 기억이 아련하기도 하다. 주인공은 소작 농사를 짓고 있는 어느 가난한 농부의 이야기다. 평생을 가난하게 남의 땅만 일구다보니 마음속에는 지니고 싶은 땅을 소유하는 게 그의 소원이었다. 어느 날 그의 소원이 통했는지 소원을 이루어 주겠다는 신이 나타나서는 그 농부에게 제안을 한다. 삽을 들고는 동이 트는 아침에 출발을 하여 해가 지는 일몰까지 흔적을 남기는 곳을 그의 땅으로 인정하도록 약속을 받았다. 밤새 흥분을 가라앉히지 못한 채 다음 날 동이 트기가 무섭게 부지런히 그가 차지 할 수 있는 한 넓은 곳으로, 삽으로 표시를 하면서 출발을 하였다.

그는 차츰 욕심이 더해가자 생각했던 거리보다 더 먼 곳으로 향했다. 어느덧 해가 중천을 넘어섰다 허기가 지고 기운이 지쳤다. 하늘을 보니 어느새 정오를 훌쩍 넘겼다. 그는 허겁지겁 되돌아오기 시작했다. 어느덧 해가 서산을 향해 넘어가고 있었고 기력도 떨어졌다. "저 해가 넘어 가기 전에 집엘 도착해야 해!" 그가 사력을 다하여 목적지에 노착하였을 때 해는 서산을 넘어서 어느덧 어둠이 깔렸다. 그러나 그에게는 그 어떤 기력도 남아 있지 않았다. 결국은 숨을 거두고 말았다. 주위의 이웃들은 그의 죽음을 애석해 하면서 한 평도 안 되는 땅에 묻어 주었다. 이 이야기는 오래전 읽었던 톨스토이의 이야기를 더듬어 기술한 것이기는 해도 재산의 끝없는 욕심을 갖는 자들의 자각

지심을 일깨우자는 마음으로 더듬이 한 것이다.

때로는 부모의 장례식장에서도 유산을 가지고 말다툼을 하는 일을 볼 수 있으니, 톨스토이의 이야기가 아니더라도 우리들 마음엔 항상 욕심의 덩이가 잠재 해 있다. 당장 끼니를 생각하지 않을 경우라 할지라도 항시 근심의 덩이는 잠재 해 있다. 남보다 잘 살려는 욕심, 승진의 욕심, 재물의 욕심 등 끝이 없다. 그러므로 우리는 항시 욕심의 덩이로 하루하루를 견디어 가고 있다 해도 과언이 아니다. 가끔은 TV에 도시의 생활을 접고 시골생활로 전환하며 사는 자들을 보면 그들의 용기와 결단에 박수와 부러움을 보낸다. 어쩌면 그리 큰 결단을 내리고 삶의 방향을 바꿀 수 있을까? 재삼 경탄을 보낸다.

도시라는 수레바퀴에 우리는 할 수 없이 싫어도 바쁘게 돌게 마련이듯이, 시골이라는 바퀴는 여유 있게 돌아가는 게 현실이 아닌가? 도시는 나름대로 다람쥐 쳇바퀴처럼 돌아야 하는 게 일상이거늘 농촌은 그만큼의 여유가 있지 않은가. 한 평의 땅에 들어가기 위해 우리는 쉼 없이 뛰고 또 뛰며 산다. 인생의 가장 행복한 일은 자기가 하고 싶은 일을 하면서 사는 것이 가장 행복한 일이라 하지 않았던가? 몇 자의 글로, 한 폭의 그림으로, 악보로 만족을 얻은 하루였다면 이 얼마나 행복한 하루였겠는가?

한 친우가 오랜만에 전화가 왔다. 요즈음 어떻게 지내느냐는 물음에 숨 쉬고 산다고 했다. 숨을 안 쉬면 당장 생과 이별인데 우리가 과연 해야 할 일이 무엇이며 무엇이 보람찬 일이라는 것쯤은 생각하며 살 일이 아니겠는가?

화귀신이 화견마난(畵鬼神易 畵犬馬難)

중국 齊나라 畵工에 대한 다음과 같은 문답이 고사에 기록되어 있다.

임금 : 그대가 가장 그리기 어려운 것은 무엇인가?

화공 : 말이나 소 따위입니다.

임금 : 그러면 가장 그리기 쉬운 것은?

화공 : 도깨비입니다.

임금 : 그것은 어째서?

화공 : 말이나 소는 뭇사람이 항상 보아서 저마다 그 형상을 잘 알고 있으므로 그것을 잘 그려내기가 몹시 힘들고, 도깨비는 일정한 형체가 없으므로 제 멋대로 그려내도 누가 뭐라고 비평할 사람이 없는 까닭입니다.

위의 우화를 웃어만 넘길 수 없는 것이 오늘날 우리 시단에는 "도깨비 시"가 창궐하고 있기 때문이라면 나의 지나친 표현일까? 바로 도깨비 시 한편을 즉석에서 소개한다.

· 계간 참여문학으로 등단, 한국문인협회 회원, 21C 한국시인회 이사,
상황문학 동인, 참여시 동인, 동방문학 동인, 시인부락 동인
· 동인시집 : 마음 열고 숲에 서리라, 들풀 소리, 제 몫을 다한 화음
· 대입시학원 수학강사 역임, 고교 영어교사 역임,
특별법인 한국해운조합 지부장 & 기획, 홍보팀장 역임
(주)한림해운 상무이사 역임
· E-Mail : buryun@hanmail.net

"작품 9"

교수는 파이프를 비스듬히 물고
내장(內臟)이 나온 창으로
상아연안(象牙沿岸)이 침몰하고 있는 것을
화석(化石)처럼 바라보고 있었다.
조난(遭難)하는 백합 한 송이---

우선 보기에는 심오한 내용이나 있는 듯 그럴 듯하게 보이지만, 장난도 아니고, 낙서도 아니고….

내가 느끼고 보아 온 바로는 문단에 등단하기 전엔 詩 같은 낙서라도 정성껏 썼는데 우후죽순같은 문학지를 통해, 어찌어찌 등단한 후엔 형식만 그럴듯한 낙서 같은 詩들을 남발하고 있다.

다시 부언 할 필요도 없겠지만 예술의 꽃은 문학이고, 문학의 꽃은 詩이다. 그래서 예술에 종사하는 사람들의 명칭이 소설을 쓰는 분들은 "소설가", 수필을 쓰는 분들은 "수필가", 극의 대본을 쓰는 분들은 "극작가", 만화를 그리는 분들은 "만화가" 등등으로 불리워진다. 그런데, 유독 詩를 쓰는 분들에겐 "시가"라고 하지 않고 "시인"이라고 사람 "인(人)" 자를 붙인다.

그것은 그 사람, 즉 시인 자체가 詩이기 때문이다. 그래서 시인의 낙서도 詩가 되고, 헛소리도 詩가 되는지 모르겠지만 그 詩가 너무 수준 이하의 낙서로 전락하고 있는 느낌이다. 그런 詩가 범람하는 데에 일조하는 사람들이 이름하여 "문학평론가"라는 무리 중의 일부이다. 산문의 몇 구절을 적당히 행만 바꾸어 나열하면 詩가 되는 줄 아는 문외한들이 문단의 실세(?)를 등에 업고 적당히 설쳐대며 그럴듯한 연륜이 있는 문학평론가의 "주례사 같은 평"을 받아 허접스런 문학지에 등재하곤, 마치 무슨 "일가"라도 이룬 듯 고바우 모자를 쓰고 거들먹거리는 것이 요즘 문단의 세태인 듯싶다.

온갖 미사여구와 최상급 형용사로 꾸며진 그것도 모자라, 최소 공배수는 커녕 최대공약수도 못되는 암호 같은 외래어 문구로 포장된 "주례사 시평"! 그런 시평이 문단에서 사라질 때, 아니 추방될 때 우리나라에서 그나마, "노벨문학상 후보"라도 거론되지 않을런지!

하늘이 주신 선물

자유로운 삶을 꿈꾸는 건 인간의 본능이다. 그러나 평범한 일상인에겐 실제로 그런 삶은 없다고 생각한다. 조금 더 홀가분하거나 아니냐의 차이점은 있을 수 있겠다. 지난해 건강과 힘들게 씨름을 한 후부터 간절히 바라는 게 있었다. 감당하기 힘든 일들과 맞닥뜨리지 않게 해달라는 것이다. 조물주도 내 나이를 감안한다면 설마 그런 일은 안 겨주지 않을 거란 생각을 하며 혼자 웃었다. 운명은 죽는 날까지 알 수 없기 때문이다. 바라는 대로 이대로 나이 들어갈 수 있다면, 그런대로 편안한 노후가 되지 않을까 하는 것이다. 주위를 살펴보면 근심 걱정이 없는 건 아니지만 그것들에 매달리다 보면 스트레스를 견디기 힘들어 없는 병도 생길 판이다. 이 나이에 병까지 얻으면 정말 행복할 수가 없다. 그리하여 매일 아침 '난 행복하다'를 되뇌이며 자신에게 최면을 건다. 평화의 시샘꾼들이 우르르 몰려나와 무자비하게 흔들어대지만 않는다면 말이다. 설마 이 작은 행복마저 시기하고 빼앗아 가려하는 악마의 장난은 없겠지 라고 생각하며 행복 뒤에 숨어 있는 불행을 애써 보지 않으려 하였다.

· 1951년생
· 수필문학 등단
· 한국수필가협회 회원, 문학사랑 문인협회 회원,
  군포문인협회 회원, 한국문인협회 회원, 한밭소설가협회 회원
· 문학사랑 제10회 인터넷문학상 수상
· 대한사이버문학회 회장
· cryingbird50@hanmail.net

몇 년 전 이혼을 한 둘째 딸이 갓난 아들 둘을 데리고 이 집에 처음 들어왔을 때부터 손자들은 내 차지였었던 것을, 딸도 독립을 원했고 나도 돌볼 자신이 없어 손자들을 딸과 함께 묶어 내보냈었다. 그때는 돌봐주고 있던 큰 딸의 아기도 어리고 둘째 딸 아기들도 어려서 내 능력으로는 도저히 감당하기가 힘들었었다. 둘째 딸의 경제가 어려워지면서 아이들은 친가로 갔다가, 그쪽 친 할머니께서 힘들다 하면 다시 엄마한테로 오는 그런 시간을 보냈다. 그 사이에 아이들은 고등학생이 되고 중학생이 되었다.

딸에게 좋아하는 사람이 생긴 모양이다. 딸은 좋아하는 사람과 자식들 사이에서 차마 말 못하고 고민을 하는 것 같았다. 모성과 새로 시작하고 싶어 하는 사랑 사이에서 갈등하는 딸을 보면서, 나는 내 모성으로 딸을 측은하게 여겨 보내주기로 하였다. 솔직히 무조건 데리고 와 아이들에게 살 곳을 선택하라 하니 아이들은 외가에서 살겠다며 내 눈치를 본다. 외가에서 살길 원한다는 손자들을 친가로 가라고 내칠 용기가 없었다. 아이들이 친가를 거부하는 걸 잘 알고 있었기 때문이었다. 아이들의 결정을 바라보고 있던 아이들의 아버지는 자식들이 친가를 선택하지 않음에 서운함을 감추지 못했다. 그러나 양육의 고통에서 자유로워진 아이들 친가 쪽에서는 어쩌면 내심 기뻐하고 있을는지도 모른다. 이왕 함께 살기로 한 것, 너그럽게 이 상황을 포용하기로 하였다. 엄마 아빠 모두 아이들을 보고 싶을 때 와서 보라고 하였다.

그런데 육아의 고단함은 식사 시중에서 바로 나타났다. 고등학교를 자퇴한 큰 손자가 검정고시 학원을 가기 위해 일찍 집을 나간다. 아침상 한번, 중학교 입학을 앞두고 있는 둘째 손자의 늦은 기상에 다시 아침상 한번, 곧 이어 점심상을 차려 먹고 큰 딸 근처에 있는 학원으로 데려다 주고 나면, 학원 수업이 쉬는 시간에 간식 겸 새참을 먹으러 온다. 그때 또 상 한번, 큰 딸네 손자들 저녁상, 학원에서 나머지 공부하고 늦게 온 둘째 손자 따로 저녁상, 집에 돌아오면 늦게 귀가하는 큰손자 밥상을 자정이 넘어서 차린다. 그러니까 하루에 일곱 번의 상을 차리고 설거지를 한다는 것이다. 세탁과 청소 등 두 배로 늘어난 일감들에 몸이 따라가기가 힘들다. 설상가상으로 굴러들어온(?) 둘째 놈은 무리한 운동으로 다리를 다쳐 깁스를 하고 통원 중이다. 그 와중에 아이의 병원 시중까지 들라 하니 바늘로 머리를 찌르는 것처럼 아파오기도 하고, 다리에 힘이 쭉 빠져 주저앉아버릴 것만 같다.

큰 딸의 첫 아이 출산과 먼저 결혼을 한 둘째 딸의 이혼과 겹쳐서 그때는 정말 이 아이들까지 키워줄 수가 없었다. 이젠 큰 딸네 손녀 손자들도 컸고, 돌봐줄만하겠다 생각하고 결정했는데, 내가 나이 들었다는 것을 잠시 잊고 있었다. 게다가 책상이 있는 방을 아이들에게 내주고 나니 침대로 꽉 찬 내 방에는 책상을 놓을 자리가 없다. 갑자기 닥친 변화에 이것저것 불편한 것들이 많다. 그래도 아이들의 안정이 중요하기에 내 작은 불편함 따위는 대수롭지 않다고, 참으로 모처럼 나를 내려놓는 인간애를 발휘해본다. 서가에서 아끼던 책들을 꺼내고 그곳에 아이들의 물건들을 수납하게 하였다. 이 또한 나로선 큰 양보가 아닐 수 없다. 하지만 사실 그 어떤 것들도 손자들의 소중함과는 비교할 수 없었다. 작은 집에서 아이들과 함께 살기 위해서는 내가 귀히 여기던 것들부터 포기해야 하는 건 너무나 당연했다. 이런 진정성이 아이들의 상처를 보듬는데 조금이라도 도움이 되기를 바랐다.

적막했던 집안에 아이들의 소리가 나고, 끼니때마다 음식을 하고 상을 차리느라 수선스럽다. 나날이 안정되어가는 아이들을 바라보고 있노라면 나를 포기한 것이 참 잘한 선택 같다.

안정과 평화가 있는 곳에는 반드시 누군가의 헌신적인 봉사가 있게 마련이다. 어쩌다 내가 아이들을 부양하는 할머니가 되었을까 생각하면 한편 기가 막히지만, 이보다 더한 악조건에서 맡아 기르는 할머니들에 비하면 난 얼마나 양호한가. 저희 부모가 건강하게 살아있고, 잠시 내게 맡기기는 하였지만 버린 아이들은 아니니까.

호젓하게 늙어가겠다는 꿈은 사라졌지만, 뒤늦게 찾아온 아이들로 북적북적, 사람 사는 행복을 되찾은 느낌이다. 성가시고, 귀찮고, 불편하고, 말 할 수 없이 힘들 때라도 이 아이들이 태어났을 때에 기쁨을 떠올리며 하늘이 내게 내린 선물이라고 감사하게 받아들이기로 하였다.

"나폴리"의 일출

— 2012년 가족하계여행

1994년 더위가 떠오른다. 햇볕에 달궈진 사물들이 몸에 닿기만 해도 살갗이 익어버릴 것만 같았던, 그 지독한 여름 더위가 2012년에 다시 또 온 것이다. 그래서 피서는 필요한 것 같은데, 집안에서만 지내다 보니 툭 툭 털고 먼 길 떠나기가 쉽지 않다. 이날은 이게 걸리고 저 날은 또 저게 걸리고, 못 떠나는 이유가 주렁주렁 달린다. 하지만 이번에는 이유를 달고 싶지 않았다. 더위를 피해 어디론가 떠나보고 싶었다. 건강 때문에 글 쓰는 일에 집중할 수 없었고, 더워서 집중할 수 없었고, 그럴 바에는 가족과 여행을 다녀오는 것도 심신의 변화를 주어 집중력을 갖게 될 지도 모른다는, 그러니까 집 떠나는 이유를 내게 만들어 안겼다.

가족회의에서 하계여행 안이 나왔을 때 나는 엑스포를 가고 싶다고 했었다. 대전엑스포 때 난 아이들도 어렸고 함께 가자고 제안 해주는 사람도 없었고, 그렇다고 훌쩍 혼자 떠날 주변머리도 없었고, 어쨌든 이러저러 형편이 허락하지 않아 그토록 보고 싶었던 대전 엑스포를 못 보고 만 것을 오래 후회했었다.

그런데 이번 여수 엑스포는 내 생에 마지막 관람일 수도 있겠다 싶어 내심 가보고 싶었다. 하지만 내 사정은 대전 엑스포 때와 별반 다를 게 없었다. 거기다가 나이도 들고, 슬그머니 포기해버리고 싶었던 차에 가족여행이란 말이 나오니 그동안 여행이라면 요리조리 빼던 자세를 바꿔 흔쾌히 찬성했다. 그러나 가족의 과반수가 이 더위에 거길 갈 것 있겠냐는 의견을 내놓더니 여수 엑스포에 먼저 다녀온 막내는 가족여행의 종착지를 서산에 있는 "나폴리 펜션"으로 바꿨다. 아쉽지만 한 편으론 이 더위에 여수 엑스포에 가서 한만 없이 줄을 서서 기다리고 있는 것보다 나을 성 싶었다. 주관은 막내 동생 부부가 하였다. 첫날밤은 천안 동생 집에서 잠을 자고 이튿날 아침 일찍 떠났다. 형제들이 모이면 푸근하다. 큰 언니 떠나고 맏이가 된 작은언니가 건강이 좋지 않아 이번 여행은 또 다른 의미가 있었다.

나폴리 펜션으로 가는 중에 대호방조제를 돌아보고 근처 식당에서 늦은 점심을 먹었다. 배가 고픈 탓인지 우럭 탕의 맛을 극구 칭찬하며 맛있게 먹었다. 목표는 "대호방조제", 가는 길에 볼 것이 있으면 보고 천천히 숙소에 들어가면 되는 거였다. 목표가 있다는 건 좋았다. 잠을 잘 숙소가 있다는 건 마음을 한껏 여유롭게 하였다.

천안의 천주교 성지에 들렀다. 위에서 내려쬐고 아래에서 올라오는 열기로 다리는 후끈거리고 눈조차 뜨기 힘들었다. 날씨 탓일까. 성지에는 방문자가 우리들 밖에 없었다. 나중에 한두 명 더 들어오기는 하였지만 성지 안은 빈 집이었다. 조선시대 천주교인들이 핍박을 받을 때에 모습을 상세히 설명해주는 사진과 동영상이 있었다. 동서고금 인간이 얼마나 잔인한가를 그들에게 가한 형벌을 보면 알 수 있다. 순교자들의 목을 매단 나무의 사진도 있었고, 정의로운 교회임을 역사적 사실로 증명해, 신도들의 마음을 한데 모으기 위해 노력하는 교회의 모습을 볼 수 있었다.

눈을 찡그리고 그 뜨거운 햇볕을 온몸으로 받으며 차에 올라 대호방조제로 갔다. 바다를 막아 쌓은 대호방조제는 길이가 무척 길었다. 우리나라는 바다를 막는 우수한 공법을 갖고 있는 듯하였다. 훌륭했다. 그리고 더 볼 것도 없다면서 나폴리 펜션으로 달리기 시작했다. 오후 3시에 입실이라 하지만 우리는 그보다 훨씬 더 늦게 도착했는데, 산속 길을 달려올라 가기도 하고 내려가기도 하면서, 참 깊숙이도 들어왔다. 바로 육지의 끝, 바닷가였다. 산속 여기저기 펜션 건물만 보였다.

나폴리 펜션은 해안선이 바로 내다보이는 곳에 위치해 있었다. 저녁 식사는 베란다에 놓인 긴 상에서 바베큐 화로를 빌려 고기를 구워 먹었다. 못 치는 고스톱을 좀 치고 뒷설거지를 끝내니 모두 피곤해하며 하나 둘 잠이 들기 시작했다.

때는 바야흐로 런던 올림픽, 여자탁구 홍콩과의 단체전 시합이 있었고 다음날 새벽 영국과의 축구시합이 있는 날이었다. 오나가나 난 여전히 일을 가장 많이 안 하는 터였는지 꿋꿋이 밤을 지키고 있었다. 텔레비전 소리에 잠을 못자겠다는 가족의 투정에 볼륨을 죽이고 승리를 이끈 홍콩과의 탁구를 보았는데, 소리가 안 들리니 나도 자꾸 졸리다. 영국과의 축구시합은 비몽사몽 보고 있는데 막내 제부가 일어나 후반 경기는 볼륨도 올리고 제대로 보다가 페널티킥으로 승리하는 감격의 순간을 함께 할 수 있었다.

축구 경기를 보고 있는 중 밖을 내다보니 바다 멀리 작은 섬 위로 붉은 기운이 긴 띠를 드리우고 있었다. 일출이 시작되는가 보다고 좋아하고 있었는데, 이내 구름이 까맣게 끼어 지평선의 붉은 기운을 다 덮어버렸다. 하긴, 일출을 그렇게 편안하게 앉아 볼 수 있겠는가 기대를 안 하곤 다시 축구에 집중했다가 밖을 흘깃 돌아보니 바다 저 멀리 작은 섬 동산 사이로 붉은 해가 통통 튀어 오르는 것이 보였다. 빨간 공이 구름 위로 올라오는 해돋이의 장관이 연출되고 있었다. 막내 제부는 카메라를 들고 베란다로 뛰어갔고, 환호 소리에 놀란 우리 가족은 모두 잠에서 깨어나 제각금의 핸드폰을 들고 촬영을 했다.

일출을 보기 위해 동해 바닷가에서 덜덜 떨고 기다렸던 생각을 하면, 이건 의외의 선물이었다. 막내 제부가 흥분해가지고 이 펜션을 빌린 것은 자기 아내가 한 중에서 가장 잘 한 일이라고 칭찬했고, 우리도 모두 동생의 탁월한 선택을 칭찬했다. 다시 오고 싶은 곳이기는 하지만 혼자 찾아오기에는 교통편이 복잡해보여 좀 아쉬웠다. 하긴 해는 어느 곳에서나 떠오르니까.

어쨌든 2박 3일의 피서로는 여름이 가지 않았다. 우리는 다시 지독한 열대야와 폭염 속으로 돌아와 뜨겁게 달궈지고 있었다. 더위에 지쳐 돌아온 우리는 다시는 여름 여행은 하지 말자고 저마다 한마디씩 약속이나 한 것처럼 중얼거렸다.

엄마의 자리

철근 교목 사이를 덮은 백설, 잎새를 갖지 못한 나뭇가지, 생명력을 잃은 들판, 사라진 새소리, 사람들이 뿜어내는 허연 입김, 매운 바람, 이 모든 것들에게서 동질의 삶을 느낀다. 아지랑이 무럭무럭 피어오르는 봄, 들 빛, 산 빛이 하루가 다르게 달라질 때 내 몸에도 아지랑이가 일곤 한다. 전신으로 퍼져드는 간지러움은 사뭇 긁어도, 문질러도 잦아들지 않는 고통스런 혼란이다.

내게 일 년이란 숫자는 그다지 큰 의미가 없다. 지독한 고독감에 빠지기 시작한 것은 지난 연말부터였을 것이다. 많은 사람들이 의미를 부여하고 싶어 하는 날에 함께 하지 못해서가 아니었다. 외롭다고 굳이 말하고 싶어 하지 않는 것은 상대적 고독보다 절대적 고독에 더 비중을 두는 삶이라고 고집하고 싶기 때문이다. 곁에 사람이 있기를 바라고 있는 것은 순전히 내 이기심이다. 나로 인해 상대방이 더 외로워할지도 모른다는 생각은 할 줄 모른다.

또한 난 비겁하다. 문학적 환상은 비겁한 자의 도피처다. 난 언제나 그곳으로 도망쳐 버렸다가 들뜬 머리와 설레는 가슴이 진정되면 세상 밖으로 다시 태연스럽게 나타나곤 한다.

사람들은 힘들고 고통스러울 때 도망 칠 곳을 저마다 다르게 마련해 놓고 살아간다. 술, 담배, 마약. 도박, 폭력 등이 있는가 하면 모든 예술의 창작 행위나 종교와 운동도 결국은 몰입의 대상으로 도피처가 되어 준다. 건전하지 않든 건전하든 사람들은 그곳에서 진정한 존재의 의미와 생존을 확인한다. 특히 사랑한다는 것은 도피 증세의 중증에 속한다. 한 번 시작하면 쉽게 벗어날 수 없는 마약 중독과 같다.

이별의 상처는 또 다른 상대방에게서 치유되었다가 헤어질 때 다시 얻어지는 반복을 거듭한다. 언제나 아프고 언제나 행복한 감정의 반복이다.

한 해의 마지막 날, 시작도 끝도 아닌 그저 삶의 연속일 뿐이라고 억지를 부려보지만 여전히 연말의 고독은 진하다. 벽난로가 있는 따뜻한 찻집에서 따뜻한 눈빛을 나누며 제야의 밤을 보내는 상상은 아름답고 자유스럽다. 긴 시간이 아니어도 좋을 것이다. 의미를 간직하고 싶은 날의 소망인 것이다.

그래서 기다린다. 누군가 내 기다림에 맞춰 주면 난 평생 그를 사랑할 것이다. 그러나 그런 헛된 기다림에 크게 기대한 바 없기에 웃는다. 유치해서 그냥 웃는 웃음은 쓸쓸함과 유치한 발상까지 스스로 포용해야 한다.

귀가 즉시 이불 속으로 파고든다. 피곤하다. 이러한 피로가 나를 한 마음으로 평정시키고 있기에 안심이 된다.

"카드요!"

큰딸의 음성과 부드러운 손끝을 느낀 채 그대로 잠이 들었다. 아침에 자리 밑을 들추니 붉은 빛 사각 봉투가 얌전히 깔려있다. 순간 아차 싶었다.

"올 한 해도 어머니의 자리를 지켜 주세요. 진심으로 감사드리고 있어요. 사랑합니다."

"사랑합니다."

전신을 전율케 하는 고백이 아닐 수 없다. 앞으로 난 그 발에 삽혀 한 발짝도 움직일 수 없을 것 같다. 엄마를 곁에 두고 싶어 하는 아이들에게 훗날 짐으로 남으면 어떻게 하나. 언젠가 헤어져 살게 될 때 내가 아이들에게서 독립하지 못하면 어떻게 하나. 안주의 세계가 아이들로 고정되어서는 안 된다 생각하면서도 자꾸 그럴 조짐이 보인다.

이렇듯 엄마의 자리를 고집하는 아이가 있는 한 또 다시 찾아 올 나의 연말은 늘 고독할 수밖에 없겠다는 생각을 한다.

유리병 속의 박하사탕

남편의 말에 의하면 나는 허영심이 많은 여자다. 현실을 모르는 꿈 많은 소녀란다. 처음에는 측은지심에서 나오는 애정표현인 줄 알았었다. 하지만 너무 자주 듣다 보니 느낌이 이상했다. 요즘은 남편의 그 말 때문에 자주 혼란스러워한다. 내가 가지고 있는 이 소망이 정말 분수도 모르는 소녀의 꿈에 불과한 것인지, 그런 것도 같고 아닌 것도 같다. 난 소중한 내 꿈을 허영이라는 말로 매도하는 이 표현을 몹시 싫어한다. 남편은 소녀의 꿈이란 환상적인 표현을 빌려 나를 은근히 비난하고 있는 것이었다.

잠시 정립되지 않은 내 꿈의 본향을 더듬을라치면 초등학교 일학년, 달 밝은 밤에 어머니를 괴롭혔던 때로 돌아간다. 그 때 어머니는 나에 대해 지금의 남편과 같은 생각을 하셨을는지도 모른다.

달빛이 비추는 동네 가게 앞 공터에는 저녁을 일찍 먹고 나온 꼬마들로 대낮처럼 시끌벅적했다. 가로등도 없던 시절의 보름달은 어둠을 밝혀주는 귀한 빛이었다. 밤시간에도 낮처럼 숨바꼭질, 고무줄놀이, 사방치기, 공기놀이 등에 집중하며 지칠 줄 모른 채 신나게 놀았다. 그런데 그날따라 늘 보아왔던 잡화가게 유리병 속 박하사탕이 달빛을 받아 더욱 희게 반짝이며 입맛을 자극했다. 난 먹고 싶다는 강렬한 욕망에 끌려 슬그머니 아이들의 대열을 벗어나 어머니에게로 갔다.

한밤 중 사탕을 먹겠다고 떼를 쓰는 내 청이 쉽게 받아들여질 리가 없었다. 기어이 방안을 뒹구는 '땡깡' 으로 이어졌지만 어머니는 이렇다 할 설득이나 거부의 말씀도 없이 침묵으로 일관하셨다. 돌이켜 생각해 보니 아버지는 병환 중이셨고 살림살이는 몹시 곤궁하였을 때였다. 매를 맞지 않은 것만으로도 천만다행으로 알아야 했다. 매사 신경질적인 어머니였지만 그날따라 바느질만 하시며 화를 내지 않으셨다. 지금 생각하면 할수록 불가사의한 인내심이었다. 무관심하게 방치된 채 혼자 한참 뒹굴다가 머쓱해져서 그대로 밖으로 나오니 친구들은 모두 들어가 버리고 없었다. 텅 빈 놀이터에는 달빛만 교교하게 흐르고 있었다. 가게 안 유리병 속 박하사탕은 희미한 호롱불빛 아래서 여전히 하얗게 반짝이고 있었다. 쓸쓸해진 놀이터의 공허 때문인지, 사탕에 대한 집착도 체념으로 금세 사그라졌다. 지금은 그 사탕의 맛조차 기억 못하고 있지만 나는 어머니를 괴롭혀 드린 그 때에 내 행동을 떠올리면 그다지 유쾌하지 못하다.

이제 나도 두 아이의 엄마가 되었다. 희게 반짝이던 유리병 속의 박하사탕을 매일 바라볼 수밖에 없었던, 그 때에 소망이 남편에게로 옮겨온 듯하다. 하지만 그때처럼 방안을 뒹굴며 부릴 응석의 상대가 아니라는 것쯤은 나도 잘 알고 있었다.

잡념이 들끓고 뭔가 해내고 싶은 욕구로 가슴이 뜨겁다. 이럴 때면 난 어릴 적 먹고 싶었던 달밤의 박하사탕을 떠올리곤 한다. 희망과 허영이 사람에 따라 고상해지기도 하고 천박해지기도 한다면 남이 생각하는 나는 어느 쪽이었을까. 남편은 내 꿈을 천박한 쪽에 두어 꿈을 포기하게 하고 싶어 한다. 아니면 그 어느 쪽에도 능력을 갖추길 원치 않는다. 남편에게는 형제간에 우애 잘 하고 부모에게 효도하는 양처가 필요했다. 남편은 희생과 봉사에 대해 자기중심적으로 자신의 환경에 맞춰 만든 노트를 갖고 있었다. 가정은 조직이고, 조직 속의 아내며, 며느리며, 형수인 "나"는, 장남의 아내답게 의젓하게 이 조직 내에 윗자리를 지키돼 존재하지 않은 듯이 있어야 평화로운 것이라고 하였다.

내가 꾸는 꿈은 그저 내 삶의 버팀목으로 생존의 이유이며 희망이며 보람인 것을, 남편은 애시 당초 무시해버리고 싶었는지도 모른다. 그저 남이 아는 만큼, 남이 하는 만큼은 하며 살고 싶다는 소박한 내 꿈은, 그저 이렇게 허황하지 않은 자그마한 소망일뿐이라고 생각하는데, 타인의 눈에 나는 절대로 작은 소망을 꿈꾸는 여자가 아니었던 것 같다. 그래서 나는 아직도 곧잘 어릴 때 먹고 싶었던 유리 병속에 박하사탕과 내 꿈을 비교하곤 한다. 손닿지 않는 곳에 담겨져 시각과 미각을 유혹하고 있는, 구멍가게 호롱불빛 아래서 반짝이던 유리병 속 박하사탕은 아직도 내 꿈의 상징이다.

쌈의 미학

금년 겨울은 유난히 춥고 길다. 정말 춥기도 했지만 유난스럽게 더 춥고 길게 느껴지는 것은 나이가 들어서일까? 아니면 한 달간 독신생활을 한 탓에 먹는 게 부실해서인가? 애들이 지방 내려간 지 벌써 몇 해 되었다. 아내와 둘이 살다가 금년 1월, 아내마저 연수차 해외로 나가버려 혼자 독신 아닌 독신 생활을 하고 있다. 그래서 자연, 밥이다 빨래다 혼자 해결하려하니 조석으로 김치국만 끓이게 되었다. 그래서 몸이 부실해진 것일까?

겨울이 춥고 길게 느껴질수록 기다려지는 것은 아내의 귀국과 봄소식이다. 아내의 귀국이나 봄은 올 때가 되면 어련히 오련만은 봄이 유독 기다려지는 것은 봄의 미각을 빨리 느껴보고 싶어서일 것이다. 봄이 오면 누구나 입맛이 돌아오겠지만 나는 유독 쌈을 많이 기다린다. 나는 쌈을 참 좋아한다. 다양한 재료도 재료거니와 쌈마다 나름대로의 식도락이 있기 때문이다. 사실 다양한 쌈의 재료 자체도 좋다. 하지만 거기에 어울리는 장맛, 그리고 그 둘을 조화롭게 연결시키는 나름대로의 방식 때문에 쌈을 더 좋아하는지도 모르겠다. 평소 비록

· 1956. 9. 12. 경북 의성 출생
· 부산수산대학교 졸업
· 한국해양수산개발원 연구위원
· 대한사이버문학회 동인
· Tel : 010-6209-3364
· e-mail : ysock57@hanmail.net

소박한 먹거리라 할지라도 미와 예를 갖추어야한다는 지론을 펴 왔기 때문에 쌈에도 분명 격식이 있어야 한다고 믿고 있다.

쌈이란 우리 민족이 가지고 있는 독특한 맛의 미학이라 할 수 있다. 쌈이란 '싸다' 라는 동사에서 유래되었을 것이라고는 쉽게 유추가 되지만 언제부터 쌈을 즐겨 먹었는지에 대해서는 명확한 근거가 없다. 몽골이나 거란에서 유래된 음식이라는 설도 있지만 뚜렷한 근거가 없다. 몽골과 같은 유목민족들에게 만두나 순대같이 싸 먹는 음식이 있지만, 엄연히 동물성을 이용한 것이고, 온갖 채식 재료를 이용한 우리의 쌈과는 분명 형태나 미각에서 차이가 있기 때문이다. 그런 점에서 우리가 먹는 쌈의 원형은 우리 민족이 한반도에 정착한 이후 농경사회 과정에서 나타난 오랜 습속이 아닐까 한다. 그래서 오늘날 지방마다, 또 계절마다 다양한 형태의 쌈이 존재하고 있고, 그 쌈은 입에서 입으로 세대를 달리하면서 전승되고 있는 것이다.

쌈을 가장 만끽할 수 있는 계절은 뭐라 해도 봄이다. 봄이 되면 온갖 산나물과 채소가 지천이므로 그것을 이용해서 다양한 쌈을 싸 먹을 수 있다. 우리 민족이 쌈을 얼마나 좋아했는지, 요즘 맛집으로 소개된 곳 중에는 쌈밥 전문집이 많다. 쌈밥집마다 비장의 무기로 내놓는 것이 자기들만의 독특한 장이다. 하지만 여러 곳의 쌈밥집을 가 봤지만 내놓는 쌈의 재료라는 것이 대체로 천편일률적이다. 거기다 요즘은 국적 불명의 채소도 많이 나온다. 이래서는 쌈이 우리나라 전통 음식이라고 하기에는 조금 낯 뜨거울 수밖에 없다. 쌈이 우리 민족 고유의 것이라면 분명 쌈의 재료도 우리 땅에서 나는 우리 것이어야 하기 때문이다.

봄이 되면 가장 먼저 기다려지는 것이 머위 쌈이다. 물론 미나리 쌈도 있고, '말' 이라고 하는 수초 쌈도 있다. 하지만 미나리나 '말' 은 가늘기 때문에 썰어 무침으로 먹어야 본 맛이 있다. 이들도 여러 가닥을 겹쳐 쌈 싸먹을 수도 있지만 이것은 무침과는 다른 색다른 맛을 즐기기 위함이지 쌈의 본질에 적합한 것이라 할 수는 없다. 그런 의미에서 봄철 쌈의 대명사는 단연 머위를 들고 싶다.

머위는 3월이면 산과 들에 지천으로 솟아난다. 오래된 집 뒤 울밑에서도 나고, 뒷산 양지바른 곳에서도 난다. 심지어는 따뜻한 무덤가에서도 군락을 이루기도 한다. 요즘은 재배해서 시장에서 팔고 있지만 아무래도 야성의 맛을 제대로 느끼기 위해서는 자연에서 채취하는 것이 좋다. 머위는 약한 독성이 있기 때문에 반드시 삶거나 쪄서 먹어야 한다. 머위줄기는 따로 깨죽으로 만들어 먹어도 별미이지만 어쨌든 여기서는 쌈에 대해서만 이야기하기로 한다. 머위가 봄철 쌈의 대명사로 꼽은 것에는 그 자체가 주는 쌉싸름한 맛 때문이다. 모든 미각 중 최상의 경지가 바로 '쓴 맛'에 있다고 하지만 우리나라 사람 중에는 쌉싸름한 맛을 즐기는 사람이 의외로 많다. 그 대표적인 것이 씀바귀 아닌가? 씀바귀도 그러하지만 머위의 쓴 맛이란 첫 느낌이 그렇다는 것이지 입에 넣고 조금만 지나면 그 쓴맛은 바로 오묘한 자연의 맛으로 변하게 된다. 그 뒷맛 때문에 씀바귀나 머위를 즐겨 먹는데, 쓴 맛 다음에 오는 뒷맛은 뭐로 표현해야 할까? 마치 박하와 계피를 섞은 듯한, 또 우황청심환을 먹었을 때 느껴지는 뒷맛과 같은 화한 느낌이 입안에 퍼지는 것이다. 이러한 맛과 조화를 이루는 것은 단연 강된장이다. 센 불에 팔팔 끓인 강된장이 머위 잎에 싸인 싱거운 밥맛의 농도를 조절해 머위 잎의 쓴 맛과 조화를 이루게 한다. 그렇기 때문에 머위 쌈에는 강된장이 필수적이다. 너무 짜지도, 그렇다고 너무 심심하지도 않은 적당한 염기가 배인 강된장 한 뚝배기와 머위가 있으면 밥 한 그릇은 게 눈 감추듯 할 것이다.

봄철 쌈의 대명사로 머위를 들었지만 독자에 따라서는 왜 상추를 꼽지 않느냐고 항변할 수도 있을 것이다. 하지만 상추에 대한 쌈의 맛은 봄보다는 여름이라고 하고 싶다. 왜냐하면 요즘에야 상추는 사철 채소가 되어 있지만 진정한 상추의 맛은 늦봄이나 초여름이기 때문이다. 요즘과 같이 시설원예가 발달하지 않았던 옛날에는 노지에다 봄에 씨를 뿌려 초여름은 되어야 제대로 상추를 먹을 수 있었다. 물론 초봄이라 할지라도 양지바른 곳에서는 상추가 빨리 자랄 수 있고, 또 솎은 상추(여린 상추)로 쌈을 싸 먹는 맛도 기가 막히기는 하다. 하지만 상추 역시 이파리가 제법 굵어져 상추 잎을 딴 자리에서 하얀 진액이 송골송골 배어나올 때 상추의 쌉싸름한 맛이 제대로 느껴지기 때문에 아무래도 상추는 초여름이 제 격이라 할 수 있다. 그리고 무엇보다 상추쌈에는 풋고추가 있어야 격에 어울리고, 또 생된장이 어울리는 장이기 때문에 햇 된장이 나오는 5,6월은 되어야 제 맛을 느낄 수 있을 것이다. 또 상추 잎을 잘랐을 때 하얗게 배어나오는 진액에는 화학성분이 들어있어 수면을 촉진하게 된다. 그래서 상추쌈은 점심때 먹는 것을 최고로 치고 상추쌈을 먹고 나서는 따뜻한 햇살을 받으며 낮잠을 즐기는 것도 식도락의 한 격이라 할 수 있을 것이다.

봄이 한창 무르익을 때쯤이면 필자가 개인적으로 즐겨먹는 쌈이 있다. 그렇게 널리 알려져 있지는 않는데, 가죽나무 잎 쌈이다. 원래는 가죽나무가 아니고 참죽나무라고 해야 하지만 남쪽 지방에서는 먹을 수 있는 참죽나무를 가죽나무라고 통칭하기 때문에 가죽나무라고 해도 무방할 것이다. 남녘지방에서는 먹지 않는 진짜 가죽나무는 그냥 '죽나무'라고 한다. 가죽나무는 무침으로 먹어도 맛이 좋고, 특히 고추장을 발라 부각으로도 많이 만들어 먹지만 나무에서 바로 딴 가죽나무 잎은 쌈을 싸 먹어야 그 향취를 제대로 느낄 수 있다. 가죽나무 잎은 아무나 먹을 수 없다. 그 향취를 즐기지 않는다면 맛이라고 할 수 없기 때문이다. 독특한 가죽나무 향취는 마치 허브와 같아서 좋아하는 사람은 한량없이 좋아하지만 처음 접하는 사람은 썩 손이 가지 않을 수도 있다. 필자에게 가죽나무 잎을 공급해 주는 곳은 두 군데 있다. 한 곳은 늙으신 어머님께서 5월 중순이 되면 어김없이 잎을 따 보내 주시는 시골집이고, 다른 한 곳은 경기도에 고택을 가지고 있는 서울 친구이다. 시골집 마당에는 커다란 가죽나무 한 그루가 있는데, 거기서 상당량의 가죽나무 잎을 채취할 수 있다. 아주 어린잎만 남겨두고 거의 대부분을 따버려도 바로 새 잎을 내어 삶을 이어간다. 기특한 나무라 할 수 있다. 경기도가 고향인 서울 친구는 당초 가죽나무의 가치도 모르고 있었다. 이 십여 년 전 친구의 고택에 들렀을 때 가죽나무를 발견한 필자가 두고두고 침을 흘렸더니 그 이후 해마다 철이 되면 잎을 따서 보내준다. 물론 친구도 가죽나무 향취를 뒤늦게 배우기는 했지만 나처럼 걸신들린 것은 아니어서 높은 곳의 잎은 다 따지 않는다고 한다. 너무 높아 따기 힘들기도 하지만 그렇게까지 가죽나무에 열정적이지 않기 때문이다. 언젠가 필자가 친구 고택에 다시 가게 되면 시골집처럼 어린 잎 몇 개만 남겨놓고 모조리 따 버릴 것이다. 가죽나무 잎 채취법도 가르쳐 주고 싶다.

여름이 좀 더 가까워 오면 또 다른 쌈 맛을 즐길 수 있다. 바로 엄나무 잎과 오가피 잎이다. 이 나무의 특징은 가시가 있기 때문에 일단 엄나무 류라고 통칭해 보자. 가시가 있는 나무는 순이 맛이 좋다. 두릅이 대표적이다. 아마 초식동물로부터 자신을 보호하기 위해 진화해온 것일지도 모르겠다. 아프리카에서는 아카시아 잎도 기린이나 코끼리가 제일 좋아하는 잎이라고 하지 않는가? 가시 있는 나무 중에 찔레가 있다. 우리는 어릴 적 찔레순도 많이 따 먹었던 기억이 있다. 찔레순도 삶아 된장에 무쳐 놓으면 쌉싸름한 맛이 일품이다. 어찌되었던 엄나무 류의 잎을 살짝 데쳐 밥과 함께 쌈을 싸면 여태까지의 쌈 맛과는 다른 색다른 향취를 느낄 수 있다. 엄나무 류의 향취는 바로 단맛에 있다. 즐기지 않는 사람은 한약냄새가 난다고도 하지만 혀 위에서 느껴지는 섬세한 미각은 분명 단맛이다. 하여 엄나무 류의 잎을 쌈으로 먹을 때는 달콤한 초장과 함께 먹어야 단맛을 제대로 느낄 수 있다. 머위나 상추 쌈 맛과는 본질적으로 다른 매콤달콤한 맛은 쌈이 주는 색다른 맛이라 할 수 있다.

여름이 본격적으로 무르익어 가면 민들레나 엉겅퀴 잎 쌈도 먹게 된다. 이것도 기본 맛은 쌉싸름함이다. 특히 민들레 잎 쌈은 6월 무렵 서해안에서 많이 잡히는 밴댕이와 먹으면 그 맛을 제대로 느낄 수 있다. 왜냐하면 밴댕이는 고소하기는 하지만 지방질이 많아서 느끼한 맛을 지울 수 없다. 이때 민들레나 엉겅퀴 잎으로 싸 먹으면 느끼함은 일시에 제거되어 버리고, 오로지 고소함과 쌉싸름한 맛만 입안에 가득하게 된다. 더구나 소주 한잔으로 정갈하게 입을 헹군 다음 안주로 쌈을 먹게 되니 그 고소함과 쌉싸름함은 바닷가의 파도소리와 묘한 하모니를 이루게 된다. 거기다 햇마늘 한 쪽과 청량고추 한 조각을 곁들이면 코끝에서 살짝 땀방울이 배어 나오면서 그 땀방울은 이내 먼 바다에서 불어오는 해풍에 순식간에 날아가 버린다.

한 여름이 되면 기다리고 기다리던 호박 잎 쌈을 먹을 수 있다. 호박 잎 쌈은 시골에서 흔하디흔한 쌈이지만 한국 사람이라면 누구도 싫어하지 않는 국민 쌈이라 할 수 있다. 호박 쌈은 구하기도 쉽고 먹기도 쉽지만 여기도 반드시 강된장과 곁들여 먹어야 한다. 또 밥도 보리밥이 제격이다. 쌀밥이나 조밥이라고 해서 호박 쌈 맛이 떨어지지야 않겠지만 역시 보리밥이 제일 어울린다고 할 수 있다. 호박 쌈에 먹는 강된장은 아무 된장이어도 좋다. 거기다 멸치 몇 마리와 두부라도 썰어 넣는다면 금상첨화다. 또 간간히 갓 따온 풋고추를 곁들여 먹어도 좋다. 다만 밥은 찬밥이어야 한다. 대부분의 쌈은 찬밥에 싸 먹어야 제 맛이 나는데, 단 맛을 느낄 수 있는 엄나무 류만은 예외이다. 엄나무나 오가피나무는 더운밥에 달콤한 초장을 곁들여 먹어야 제 맛이다.

가을이 오면 배추쌈이 기다리고 있다. 하얀 속살의 배추를 정갈하게 씻어 밥과 함께 먹으면 또 다른 쌈 맛을 즐길 수 있다. 하얀 고갱이는 고소한 맛이 나고, 수액이 풍부한 겉껍질은 시원한 맛이 일품이다. 배추쌈은 살짝 절여서 싸먹기도 한다. 배추쌈에 곁들여 먹는 장은 강된장도 좋고 생된장도 좋다. 남녘 지방에서는 멸치 젓갈에 싸 먹기도 한다. 어느 것이라도 제각각의 맛이 있다. 여러 장을 구비해 놓고 각각의 맛을 보는 것도 좋을 것이리라. 하지만 배추쌈은 늦가을이 되어야 먹을 수 있기 때문에 배추쌈을 먹기 전에 또 다른 쌈의 먹거리가 있으니 양배추 쌈이다. 양배추 쌈은 데친 것을 사용하는데 그 맛은 엄나무 류와 같이 단 맛이 난다. 다만 엄나무류와 달리 양념간장을 해서 먹어야 제 맛이 난다. 또 밥도 엄나무 류와 같이 더운밥에 싸 먹어야 한다.

겨울이 오면 겨울에만 누릴 수 있는 쌈이 있다. 바로 미역과 다시마쌈이다. 미역과 다시마는 바닷물이 차야만 자라기 때문에 아무리 빨라도 11월 하순은 되어야 먹을 수 있다. 하지만 시장에서 쉽게 구입하기 위해서는 아무래도 12월은 되어야 한다. 미역과 다시마는 생으로 먹기도 하지만 뜨거운 물에 살짝 데쳐서 먹는 것이 더 좋다. 생으로 먹으면 풋풋한 갯내음을 직접 느낄 수는 있으나 조금 억세기 때문이다. 미역과 다시마에 사용하는 장류는 두 가지가 있다. 하나는 매콤달콤한 초장이고 다른 하나는 멸치액젓이다. 필자의 입맛으로는 미역은 대체로 초장에, 다시마는 멸치액젓에 곁들여 먹는다. 멸치액젓도 그냥 액젓은 안 되고 다진 마늘과 고춧가루로 버무린 양념액젓이어야 한다. 사실 미역과 다시마는 데쳐 버리면 자체의 향취는 별로 나지 않는다. 다만 씹힘성이 좋은 젤리 형태가 되기 때문에 거기에 양념젓갈에 의한 갯내음을 보충해 주는 것이 좋다는 것이다.

설을 지나면 미역과 다시마도 억세지기 시작한다. 그러면 쌈으로 먹기보다는 국거리나 가공용으로 사용하게 된다. 이즈음이 되면 김이 제격이다. 김은 1월에 생산되는 것이 가장 맛있다. 김은 기름을 바르지 않고 맹김을 약한 불에 살짝 구워 간장과 함께 먹는 것이 가장 좋다. 예로부터 정월 대보름이 되면 김을 싸 먹는 풍습이 있었다. 그것을 '복쌈' 이라고 했는데, 그때 김으로 복쌈을 먹으면 일 년 내내 행운이 깃든다고 한다. 사실 옛날에는 김이 매우 귀해서 김 먹는 것 자체가 행운이기는 했지만, 설 전후에 생산되는 김이 가장 맛있기는 하다.

정월 대보름에 먹는 쌈으로는 김 외에 피마자 잎도 있다. 흔히 아주까리라고도 하는데, 이 잎을 여름에 따서 삶은 후 말려두었다가 겨울에 다시 삶아 쌈을 싸 먹는데, 피마자 잎은 들기름에 발라 간장에 곁들여 싸 먹는다. 이것도 복쌈의 일종인데, 바닷가에서 주로 김으로 복쌈을 먹었다면 피마자 잎은 산골에서 복쌈으로 먹었다.

우리는 들과 산, 그리고 밭에서 나는 수많은 먹거리를 이용해서 다양한 쌈을 싸먹고 있다. 쌈을 싸면 밥을 빨리 먹을 수 있는 노동경제적인 측면도 있지만 밥을 많이 먹을 수도 있다. 농경사회에서 강력한 노동력을 얻기 위해서는 밥 힘에 의존해야 하는데, 쌈은 많은 밥을 빨리 먹을 수 있는 아주 유용한 음식 형태이다. 또 많은 인원들이 간편하게 먹을 수도 있기 때문에 집단 노동이 필요한 논농사 위주의 우리 문화에서는 아주 유용한 음식문화라고 할 수 있다.

이러한 문화 유전자가 우리 몸속에 알게 모르게 전이 되어 요즘은 도회지에서도 많은 쌈밥집이 문전성시를 이루고 있다. 또 새로운 형태의 쌈 문화도 끊임없이 개발되고 있다. 복어나 민어를 이용한 어쌈도 있고, 최근에 유행하기 시작한 과메기도 일종의 쌈으로 먹고 있다. 겨울철이면 삶은 복어 껍질에 미나리나 다른 채소를 싸 먹는 것이 복어 쌈이고, 여름철 삶은 민어 껍질에 여름 채소를 넣어 먹는 것이 민어 쌈이다. 또 김에 과메기와 미역, 미나리, 파 등 다양한 채소를 넣어 싸먹는 것도 과메기 쌈이라 할 수 있다. 과거 과메기는 특정 매니어만 먹을 수 있었으나 김과 각종 채소를 이용해서 쌈으로 먹으니 금방 대중화되어 버렸다.

이제 우리는 모든 것을 쌈 싸 먹어야 직성이 풀린다. 삼겹살도 쌈 싸 먹어야 되고, 생선회도 쌈 싸 먹어야 한다. 불고기도 쌈 싸 먹어야 제 맛을 느낄 수 있고, 아구찜도 상추나 깻잎에 쌈 싸 먹어야 직성이 풀린다. 쌈에 대한 DNA가 우리 몸 속 구석구석에 퍼져 있기 때문이다. 또 일상에서도 무슨 일을 한꺼번에 처리할 때 '쌈 싸 먹는다' 라고 한다. 김장철이 되면 보쌈김치도 있고, 마음에 드는 여자를 업어 올 때도 '보쌈한다' 고 한다. 또 며느리에게는 쌈 싸 먹지 말라고도 한다. 큰 쌈을 싸서 먹을 때면 자칫 인상을 쓰기 쉽기 때문에 보기 흉하다는 뜻이지만, 실제로는 며느리는 부려 먹는 대상이지 마주 앉아 한가롭게 쌈이나 즐기도록 내버려 두지 않는다는 의미가 내포되어 있는지도 모르겠다.

하지만 이제는 모든 것이 달라졌다. 인상을 쓸 만큼 큰 쌈을 쌀 사람도 없다. 조그맣게 싸서 예쁘게 먹자. 모두 둘러앉아 철마다 색다른 채소로써 다양한 쌈을 먹자. 다만 우리 땅에서 나는 우리 채소로 쌈을 싸 먹도록 하자. 신토불이! 그래 그것이야 말로 신토불이다. 그리고 약보(藥補)보다는 식보(食補) 라고 했다. 쌈을 통해 우리 몸과 정신을 건강하게 하는 것이 최고의 식도락이라 할 수 있을 것이다.

신문(新聞)의 재미, 구문(舊聞)의 재미

요즘은 인터넷도 진부하다고 한다. 스마트폰이나 태블릿 피시를 이용해서 실시간으로 검색해 버리니까 말이다. 사실 요즘과 같은 초스피드의 시대에 데스크 탑에 고정된 인터넷으로 검색한다는 것도 답답하기는 할 터이다. 한때 인터넷을 인(忍)터넷이라고 할 정도로 느려 사람의 인내력을 테스트 할 때도 있었지만 지금에야 광케이블이다 뭐다 해서 엄청난 속도와 용량을 자랑하지 않는가? 하지만 그런 인터넷도 스마트폰에는 당할 재간이 없다. 스마트폰의 위력은 언제, 어디서나 즉각적이기 때문이다.

집단 미팅을 할 때 그것을 실감할 수 있다. 이것도 말이 좋아 미팅이지 종전의 회의를 요즘은 다들 미팅이라는 말로 표현하는 것에 불과하다. 미팅에서 특정 주제에 대해 토론을 하거나 논의를 할라치면 젊은 축에서는 어김없이 스마트폰을 들이대며 반박을 한다. 예를 들면, 당나라 시인 아무개가 쓴 어떤 시가 대단히 감각적이라고 하면, 어느새 검색을 하고서는 "당나라가 아니고 송나라 때 사람인데…" 하고 증거를 들이댄다.

이런 사례는 야외활동에서도 마찬가지이다. 심지어는 등산을 가서도 스마트폰의 위력에 주눅이 들곤 한다. 산에서 휴대폰이나 스마트폰으로 위급상황을 알리거나 서로 연락을 취하는 것은 아무것도 아니다. 등산로가 헷갈릴 때 바로 GPS를 작동시켜 가야할 길을 찾아준다던가 그동안 등산경로를 지도와 함께 고도차, 소요시간 등이 표시된 도면으로 바로 바로 보여준다. 길을 잘못 들어 우회한 것까지 모두 다 표시된다. 마치 실시간으로 감시당하는 것 같기도 하고, 발걸음 하나하나마다 나의 궤적이 기록되는 것 같아 당황스럽기도 하다.

이런 상황에서 신문이 어떻고 한다는 것 자체가 언어도단일지 모르겠다. 사실 신문을 본다는 것 자체가 구세대와 신세대의 구분이 된 지는 오래되었다. 이미 십 오륙년 전에 직장 후배와 소위 말하는 '조중동'을 볼 것인지 아니면 진보계열의 신문을 볼 것인지 논쟁을 벌인 적이 있었다. 당시 후배는 나를 보수골통으로 몰아세웠고, 나는 '행간의 의미'를 읽지 못하는 사람들이 무슨 지식인이라고 할 수 있느냐고 반박을 하였다. 하지만 그것도 옛날이야기가 되었다. 그 후배 역시 나처럼 세월에 떠밀려 이미 고참 중의 고참이 된 지 오래되었다. 요즘은 보수지든 진보지든 활자매체 자체를 읽지 않는 것이다. 옛날에는 사무실에 신문이 들어오면 고참 순으로 돌려 보는 것이 오후 사무실의 한 풍경이었다. 하지만 이제 신문은 조간이든 석간이든 관심을 갖는 것은 이미 나처럼 노털들이나 하는 짓이다. 이미 모든 정보는 인터넷이나 스마트폰을 통해 다 알고 있는 관계로 신문은 배달되어 오는 순간 구문(舊聞)이 되어 있기 때문이다. 인터넷 검색을 할 필요도 없다. 다양한 소식들이 SNS를 통해 가만히 있어도 속속 전달되어 오는 것이다. 그런 상황에서 느릿느릿 걸음을 옮겨(너무 동작 빠르게 오면 눈치가 보여서, 즉 큰 관심이 없는 것처럼 하면서) 슬그머니 신문을 집어 드는 모양새를 어떻게 생각할까? '으이그, 저 노털…' 틀림없이 그럴 것이다.

하지만 분명코 항변할 수 있다. 전파매체가 나름대로 중요한 의미가 있듯이, 활자매체 역시 나름대로 매우 중요한 의미가 있다는 것을. 분명 속보성에 있어서는 전파매체나 인터넷과 같은 것에 뒤지지만, 활자매체는 그것이 지니고 있는 관념과 해석상의 의미가 압도적이라는 것을. 다시 말하면 어떤 사실을 전달하는 데는 전파매체나 인터넷이 속도로 인해 매우 유용하지만, 그것을 해석하거나 인간의 감성을 표현하는 데는 활자매체가 더 우위에 있다는 것을. 그래서 신문을 본다는 것은 어떤 사실을 알기 위해서라기보다는 그 의미를 파악하기 위해서라는 것을 강조하고 싶다. 신문에서 뉴스를 안다기보다는 뉴스에 대한 해설과 각자의 다양한 생각을 적어놓은 칼럼이나 단상을 읽고 보편적인 인식과 나의 인식의 간극을 점검해 보는 행위라고 항변하고 싶은 것이다.

이런 점에서 나는 신문보다는 구문(舊聞) 읽는 것을 더 좋아한다. 내가 구문 읽는데 재미를 들인 것은 10여년 정도 된 듯싶다. 처음에는 등산을 가기 위해 꼭두새벽에 집을 나서는 날이나 출장으로 장기간 집을 비웠을 경우 미처 읽지 못한 신문을 며칠 뒤에 보게 되는데, 매일의 신문 분량이 많다보니 이것이 점차 누적되어 몇 달치가 밀릴 때가 있었다. 신문이 오래되면 먼지가 나고 색이 누렇게 변해 서재가 지저분해진다며 아내가 버리려고도 했지만, 읽지 않은 신문을 워낙 지극정성으로 대하기 때문에 아내도 버리지 않고 차곡차곡 모아 놓는 것이다.

미처 읽지 못한 신문을 버리지 않고 모아 놓는 데는 또 다른 이유가 있다. 그 이전부터 신문에서 중요한 기사가 있으면 스크랩하는 습관이 있었는데, 미처 읽지 않은 신문에 중요한 스크랩 거리가 있을까 봐서 함부로 버릴 수가 없었던 것이다. 신문 스크랩하는 습관은 다양한 분야에 무작정 관심도 많았지만 글을 쓰는 일이 비교적 많기 때문에 다양한 소재를 찾을 수 있다는 점에서 자연스럽게 생겨난 습관이라 할 수 있다. 그래서 그날그날 미처 다 읽지 않은(다 읽는다는 것이 아니라 훑어보지 않은) 신문은 모아 놓는데, 아웃풋(output)보다 인풋(input)이 많으니 모인 신문량은 점점 늘어만 갔다. 즉 읽고 버리는 것보다 미처 읽지 못하고 쌓이는 양이 더 많으니 모인 신문량은 늘어만 가는 것이다.

그럼에도 욕심은 많아서 그 많은 신문 뭉텅이들을 서재에 모아 놓고 있었는데, 급기야 사건은 재작년 이사할 때 벌어졌다. 며칠 뒤면 이사를 가야하는데, 아무리 생각해도 서재의 다른 짐들은 이삿집 센터 직원들이 옮겨줄 것이지만 오래되어 누렇게 변한 신문 뭉텅이들은 이사 과정에서 폐지인 줄 알고 버릴 것 같아 내심 불안하기 그지없었다. 그래서 고민 끝에 이것만큼은 직접 짐을 꾸리기로 했다. 빈 종이상자를 여러 개 가져와 묵은 신문 뭉치들을 넣고 짐을 싸는데 무려 8상자나 되었다. 이것을 본 아내는 온갖 푸념을 다 늘어놓는다. 보지도 않을 신문 뭉텅이들을 저렇게 정성스럽게 싼다는 것부터 시작해서, 새집에 이사 가서 또 퀴퀴한 냄새나는 묵은 신문 뭉치를 어떻게 할 거냐는 데까지 지청구가 이만저만이 아니었다. 하지만 그러거나 말거나 나는 상자마다 일련번호까지 매겨놓고서야 안심을 했다.

이사 온 지 2년이 되었다. 사실 2년이나 지났지만 신문 상자들은 아직 그대로 내 방에 차곡차곡 쌓여있다. 이사 온 이후 더 이상 신문이 쌓이면 안 되겠다 싶어 부지런히 그때그때의 신문을 읽고 버렸다. 요즘은 날이 가면 갈수록 신문의 면수가 많아져 매일매일 신문을 훑어보는 것도 힘들 때가 많다. 아침부터 신문을 오려 제낄 수가 없어서 대충 훑어 본 다음 오후에 필요한 부분을 스크랩하는데, 아무래도 이것저것 일들이 많다보면 또 밀리게 된다. 그러다 보니 2년 이전의 신문은 여전히 그대로인 것이다.

어차피 신문 박물관도 아니고, 또 그 많은 분량을 모을 수도 없어 처치를 해야 되기 때문에 신년이 되자 큰마음 먹고 신문 상자를 뜯었다. 날이 아주 추워 밖에 나가기 싫은 휴일 날 따뜻한 햇살을 받으며 구문을 훑어나가면서 버릴 것을 쌓아나가는데, 시간이 금방 흘러가 버렸다. 왜냐하면 구문 읽는 맛이 그렇게 좋을 수가 없었기 때문이었다. 마치 장독대에서 묵은 장을 꺼내 요리조리 맛보는 것 같은 곰삭은 맛을 느낄 수 있었다.

어차피 구문에서 스크랩해야 할 것은 시간의 흐름과는 관계없는 칼럼, 어학관련, 취미생활 관련, 교양관련 등이지만, 뉴스에 대한 새로운 맛도 느낄 수 있다는 점에서 더 신선한 향취가 났다. 특히 뉴스를 읽을 때는 (그것도 news는 아니다. olds가 되어야 한다) 시간의 흐름을 역순으로 해서 읽으면 더 재미가 있다. 예컨대 1면 머리를 장식한 대형뉴스가 있다고 하자. 그러면 시간의 흐름에 따라 사건이 조금씩 바뀌어가는(사건이 바뀌는 것이 아니라 편집자의 시각이 변해가는)것을 마치 활동사진을 거꾸로 돌리는 것 같은 느낌으로 읽을 수가 있다. 굳이 읽지 않더라도 제목만 보고서도 금방 느낄 수가 있다. 마치 몇 년 전 브래드피트가 열연한 영화 '벤자민버튼의 시간은 거꾸로 간다' 와 같이 흥미진진하게 사건을 바라볼 수 있다(이 영화에서 벤저민 버튼은 인생의 시간이 거꾸로 흐른다는 스토리 때문에 우리의 시간 관점에 충격파를 던져 주었고, 역설적으로 시간의 가치를 인식시켜 주었다). 물론 사건자체가 기억에서 완전히 사라진 것이라면 큰 감동은 없다. 하지만 아직도 기억에 생생한 사건 같으면 그것을 거꾸로 추적해 나가는 것 같은 느낌은 매우 새롭다.

이런 재미로 요즘은 우정 간헐적으로 신문을 묵히기도 한다. 비록 읽은 신문이라 할지라도 가끔씩 버리지 않고 모아두는 것이다. 몇 년 뒤 읽을 때 기사나 해설이나 모두가 새롭게 읽을 수 있으니까.

우리는 어떤 사실을 피상적으로 보고 느끼고 그냥 흘려보낸다. 우리의 기억과 감각이 얼마나 무딘지 구문을 보면서 새롭게 깨닫게 된다. 구문을 읽으면서 하루하루 우리가 뉴스 제목에 매몰되어 현혹되면서 살아왔다는 것을 알게 된다. 시간을 거꾸로 되짚어보면 얼마나 어리석게 살아왔는가를 새삼 깨닫게 된다. 그와 더불어 우리는 얼마나 많은 것을 망각하고 있는가도 깨닫게 된다. 우리는 항상 우리가 옳은 줄 알고 있다. 하지만 구문을 읽음으로써 우리가 알고 있는 사실들이 어떻게 변해 왔는가를 알 수 있게 된다. 또 과거에 경악했던 일들도 순식간에 망각해 버렸다는 것을 깨닫게 된다. 이것은 역으로 어떤 사실을 대할 때 그 피상을 보지 말고 본질을 보기 위해 노력해야 한다는 것을 의미하기도 한다.

우리는 정보의 홍수 속에 살고 있다. 많은 양의 정보가 과연 우리에게 필요한가? 또 우리는 번개 같은 속보성 속에 살고 있다. 하지만 그런 신속한 정보가 과연 우리 삶을 풍요롭게 해주고 있는 것인가? 진정한 삶의 풍요를 누리려면 많은 정보량이 수시로 필요한 것이 아니다. 적은 양이라도 내게 필요한 정보를 수없이 되새김하면서 느낄 수 있는 것이 좋은 것이다. 많이 먹는 것보다 조금씩 음미하면서 먹을 때 진정한 미식을 느끼는 것과 마찬가지일 것이다.

달빛 아래서

요즘 군대, 참 좋다. 예전 우리 때와는 판이하다. 34개월 군 생활 동안 정기휴가 세 번밖에 나오지 않은 나와는 달리, 별명이 수제비인 아들아이는 휴가도 빈번히 나온다. 달포 전 특별외박이라며 2박 3일 간 집에 있다가 가더니 그러고도 무엇이 모자란 지 열흘 휴가를 또 나왔다. 이젠 귀대하면 하루만 부대서 자고 제대한단다. 그래도 군에서의 마지막 휴가라 저녁이라도 근사하게 같이 하려 나는 수제비를 찾았다.

"무얼 먹을래? 팔딱팔딱 뛰는 생선으로 할까? 아니면 발간 숯불에 구운 돼지갈비로 할까."

택시를 잡아타며 기사에게 행선지를 밝히기 전에 수제비에게 먼저 물었다.

"말하면 뭐 해요? 미리 정해놓고는."

녀석 수제비는 씩 웃으며 내 가자는 곳이 좋다는 암시적 답을 한다. 그래서 둘이는 고기 집에 마주 앉았다. 밥 잘 먹고 술도 두 병 마시고 계산을 하러 계산대에 갔다.

· 1954년 경남 산청 출생
· 문학사랑으로 수필가와 동화작가 등단
· 제 23회 문학사랑 인터넷 문학상 수상
· 2009년 경남신문 신춘문예 '나무와 새' 동화 당선
· 문학사랑 문인협회, 한국문인협회, 경남아동문학회 회원
· 대한사이버문학회 동인 · 현 진주 하대동 거주
· 010-4800-1623 · e-mail : cis1623@hanmail.net

"도가 넘었네요. 카드가 안 긁혀요."

이런? 생각도 못한 낭패를 보게 되었다. 지난달 장비수리비로 카드비가 꽤나 나간 건 알지만 이렇게 바닥이 난 줄은 진짜 몰랐다. 계산은 46,000원. 다행히 내 지갑엔 그만한 돈이 있었다. 그런데 밥값 주고 나니 달랑 천 원밖에 안 남는다. 이 돈은 한사람 버스 삯밖엔 안 된다.

"너, 천 원 없니?"

"어? 아빠. 군바리가 무슨 돈이 있어요?"

예전 나도 그랬다. 푸른 제복만 입으면 있어도 없다 였다. 하지만 수제비에겐 진짜 돈이 없다. 올 때의 택시비가 3,800원. 제법 먼 거리이지만 어쩔 수 없다.

"잘 되었다. 우리 걸어가자."

그렇게 수제비와 나는 어둔 밤거리를 걸었다.

"얼마 만이냐? 둘이 이렇게 걷는 게."

"아마, 나 태어나곤 처음일걸요?"

수제비는 한술 더 뜬다. 생각해보니 아들 녀석 제대로 철이 들며 가족 전체가 같이 다닌 적은 있어도 둘이 이렇게 한적한 밤길을 걸어본 적이 없다.

"밤은 이렇게 아름답고 조용하고 또 신비스러우며 착하기만 하네. 하늘 좀 봐라. 근래 보기 드문 별도 총총 떴어."

지름길을 택해 도는 공장 담벼락 사이로 보이는 하늘이 너무도 깨끗했다.

"그러나 역사는 밤에 이뤄진다 하잖아요. 나쁜 일들이 죄다 밤에 생기는 걸. 그래서 나는 밤이 미워."

내 말에 태클을 거는 수제비를 나는 물끄러미 바라본다.

"세상을 뒤집어엎는 모든 사건이 다 밤에 생기니깐 그렇지요."

"생각하기 달렸다지만. 왼손잡이들은 모든 걸 반대로 생각하나?"

수제비는 왼손잡이다. 그래선지 어려서부터 모로 나가는 말을 자주 했다.

"좋고 옳은 방향으로만 생각을 고정하면 진취성이 없어요."

"네 말도 일리는 있다만 사람이 있는 그대로만 보고 말한다면 감성이란 아예 자취를 감추지 않을까?"

"현실이, 돈을 벌지 않으면 별과의 대화도 통하지 않을 만큼 너무 삭막해졌어요. 앞섰다고 자부하는 사람들이 별을 돈으로 보이게 만들어요. 아이들 꿈도 별이 아니라 돈이라니까요?"

"그래도 담벼락에 끼어 자라는 무화과나무 잎이 바람에 흔들리는 소리를 들으며 살아 있음에 감사를 드릴 줄 아는 여유를 우리는 가져야 하는 건 아니야?"

"여유 있는 사람들의 배부른 콧소리라고 흉보는 이가 더 많을걸요?"

"그럼 마음을 비우라, 비우라 하며 참선에 열중하는 스님들도 다 배부른 콧소리장이들이란 말이야?"

"일테면 그럴 수도 있죠. 있으면서도 더 많은 것을 얻으려 매일 신문지상을 더럽히는 추악한 종교인들이 세상엔 그득하니깐. 또 착하게 살자는 종교의 깃발을 앞세우고 뒤론 살육을 일삼던 중세 십자군들이 다시 살아난 중동의 혼란을 우리는 늘 보고 있지 않나요?"

밥 잘 먹고 녀석은 엉뚱한 이야기로 내 복장을 뒤집어 놓는다. 하지만 종교 이야기라면 그래도 님에게 안 빠진다고 자부하는 나다.

"그들 예수쟁이나 코란을 믿는 이슬람인들도 근본은 다 하나님 신봉주의자들이니 한집안이나 다름없는데, 예루살렘이란 땅덩어리를 서로 차지하려는 못난 욕심에 의해 싸움질을 일삼고 있는 거지. 그러나 먼 나라 이야기니 괜스레 우리의 삶에 끼여 놓치는 마라."

“사람들은 다 그렇게 간단히 생각해요, 세상의 종말이 코앞에 다가 왔는데도 강 건너 불구경하듯 이슬람과 기독교의 원리 같은 건 아예 생각도 안 해요.”

“무신론자인 네가 그런 건 알아 뭐하나?”

“성경에는 아브라함이 이삭을 낳고 이삭은 야곱을 낳고, 이렇게 가계가 이뤄지는데. 코란에는 아브라함까지는 맞는데 그다음이 이삭이 아니고 이스마엘이지요. 즉 아브라함이 이스마엘을 낳고, 이렇게 가계가 이뤄지거든요?”

“너 그런 것 어디서 배웠니? 그래서?”

“아브라함에겐 본처인 사라가 이삭을 낳기 전에 사라의 시녀인 하갈이 먼저 아들을 낳았는데 사막의 아랍인들은 먼저 태어난 하갈의 아들 이스마엘에게 정통성을 부여하고 있는 겁니다.”

“놀라운 사실이네. 거기까지는 나도 몰랐다. 서자 출신인 홍길동과 그를 만든 허균이 생각나는구나.”

“만약에 3차 대전이 일어난다면 그 전쟁은, 아브라함의 본처 자식인 이삭의 후예를 일컫는 성경을 믿는 자들과 아브라함의 첩에게서 이삭보다 먼저 낳은 이스마엘의 후예들인 코란을 믿는 자들에 의해 시작될 것입니다. 얼마 전에 이런 일로 리포트를 하나 썼어요. 그래서 기억이 생생한 거죠 헤헤.”

너무 아는 척하는 게 미안한지 수제비는 헤헤하고 웃는다.

“전쟁은 인류가 존재하는 한 영원히 없어지지 않을 거야. 그러나 난세에 영웅이 나온다고 세상엔 우리가 본받아야 할 전장에서의 훌륭한 장군들이 얼마나 많니.”

“장군이요? 어떤 장군들 말인가요?”

“왜. 있잖아. 음. 알렉산더 대왕이니 칭기즈칸이니, 나폴레옹도 있고.”

"그래요? 칭기즈칸, 그가 장군임엔 틀림없지만, 영웅이라 부를 수는 없어요. 그는 어느 군주가 자신을 비웃었다며 군사들을 이끌고 가서 그 군주를 죽임은 물론, 사흘 동안에 200만 명이 넘는 그 나라 백성을 모조리 살육하였답니다. 그러고도 분이 안 풀려 그 땅에 살아 숨쉬는 동물, 심지어 나무와 풀까지도 완전히 죽여 버렸다지요. 그런데도 이런 사람을 우리는 영웅이라 칭하니 진짜 많이 답답합니다."

"기록을 일삼는 역사가들은 고리타분한 일상을 사는 사람들의 이야긴 흥미가 없어서, 죽고 죽임이 판치는 전쟁터 이야기만을 오늘날까지 가져온 거야, 네가 거기에 너무 빠졌나 보다. 일전에 네가 보던 아우슈비츠 생존 작가 프리모 먼가 하는 사람이 쓴 책, 이것이 인간인가를 나도 읽었는데, 인생의 허무함을 쓴 그런 책을 읽기에는 네가 너무 젊은 건 아니니?"

"그 책은 내가 본 수많은 책 중의 하나일 뿐이고 전부는 내 전공에 관한 책이에요."

수제비는 광고 홍보 학을 공부한다. 영화관에서 영화가 끝나고, 만든 사람들의 이름이 떠오르는 엔딩 크레디트, 그걸 다 보고 나가라고 수제비는 늘 말한다. 자기가 할 일이 그러하니 영화 끝머리 자막으로만 자신의 이름을 나타낼 수 있다고 미리부터 주문하는 것이다. 또, 외국에선 그게 예의라 일상인데 우리나라 사람들은 영화만 끝나면 나가기 바쁘다고 흉까지 보았다. 그래서 영화 디워를 보러 갔을 땐 영상이 완전히 사라질 때까지 충실하게 객석에 앉아 있다가. 관리자의 눈총을 받으면서 마지막으로 극장을 빠져나가며 매우 난감해 하기도 했다. 그날 엔딩 크레디트는커녕, 자막으로 본 건, 나 심형래는, 하는 감독 심형래의 자화자찬 글뿐이었다.

"그랬나? 난 또 네 엄마 꽈배기 튀김일 하며 온 팔뚝에 기름 멍울 지으며 번 돈으로 하필이면 그런 책을 사는지 널 속으로 나무랐는데.

하여튼 그런 이야기 이젠 그만두자. 하지만 말이다. 달이 밝은 건 밝은 거다. 맞지?"

선임이 되며 제 엄마 카드로 한 달에 책값으로 10여만 원씩을 쓴 녀석이 수제비이다.

"맞아요. 헤헤, 나도 그냥 해본 소리인데. 그런데 저 달 속엔 암스트롱이 산다면서요?"

"아이고 깜딱이야. 너 박광수 만화보고 하는 소리이구나. 하하."

둘이서 크게 웃으며 공장 모퉁이를 돌아갔다. 호랑이 불처럼 쫓아오던 달빛이 갑자기 멈칫거리자 기회라도 만난 듯 허리춤을 움켜쥔 수제비의 겸연쩍은 웃음이 휘휘 사방을 쏘다닌다.

"왜 그래? 너 오줌 마려워 그러지?"

"헤헤, 소주 두 잔밖에 안 마셨는데. 어쩌나, 화장실은 안 보이고."

"마, 잔도 잔 나름이지 큰 잔으로 마셔놓고 핑계는, 남자 좋은 게 뭐냐. 이리와, 그러고 보니 나도 마렵네."

이팝나무 가지가 달빛을 가려주는 공장 담벼락을 향해 둘이는 나란히 섰다.

"너 태어나기 전부터 저 이팝나무가 여기 있었지. 직장에 다닐 때 나는 늘 이리로 걸어 다녔어, 5월이 오면 저 나무에 꽃이 많이 피는데 바람이라도 살랑 불라치면 꽃향기가 아주 멀리까지 흩어지지. 네 엄마 갓 시집올 때 몸에 밴 향기가 그와 똑같았지. 흠, 흠, 지금도 나는 것 같다."

눈을 지그시 감고 코를 벌름거리는 나를 물끄러미 바라보던 수제비가 피식, 웃음을 터트린 다.

"엄마의 향기는 지금도 아름다운 걸? 내년엔 아마 엄마 향기 닮은 이 이팝나무 향기가 곱빼기로 멀리 아주 멀리까지 날아갈 걸요?"

"응? 그건 또 왜?"

"아빠하고 나하고 이렇게 많은 거름을 주는데, 제가 곱빼기 향이 안 나고 배기나?"

"아! 그렇게 깊은 뜻이. 하하하."

바람이 살랑 불자 숨었던 달빛이 나뭇가지 사이로 삐죽 고개를 내민다. 서슬에 놀란 아들 녀석 수제비의 긴 그림자가 큰길로 황급히 달아난다. 그래도 아름다운 밤은, 눕혀지는 풀들의 자지러지는 비명도 아랑곳없이 깊어만 가고 있다.

대화

비가 내리는구나. 그래선지 오늘은 손님이 상당히 많네. 모처럼 우리 아들하고 막걸리 한잔하려는데 웬 방해꾼이 이리 많을까? 그나저나 아버지하고 술집에 앉아보기는 처음이지? 네가 다 컸다는 증거이기도 하지만 아버지는 이렇게 너와 앉으니 기분이 매우 좋구나. 예부터 술은 어른들과 같이 마셔야 좋은 술버릇을 가진다 하였다. 하지만 엄마랑 네 누나도 함께하였으면 참 좋으련만 어쩌랴. 지금도 열심히 일하고 있으니 술집에 앉은 우리가 조금은 미안하구나.

자, 우선 목부터 축일까? 그래도 술맛은 역시 막걸리가 최고야. 이제 네 군대생활도 다 끝나가는구나. 논산에 데려다 주고 오면서 우는 네 엄마를 달래던 때가 엊그제 같은데 국방부 시계는 예나 제나 그래도 잘 돌고 있나보다.

네가 아버지와 같이 술집에 앉음이 처음이듯이 나도 네 할아버지인 아버지와 술집에 처음 앉았던 날이 있었다. 그때도 오늘처럼 비가 내리고 있었지. 나는 살아오며 아버지와의 지금 하려는 일화를 아무에게도 하지 않았어. 네 엄마에게도. 굳이 숨길 필요는 없지만, 너무도 가슴 아픈 이야기라 쉽사리 꺼내지지 않아서이지. 오늘 너하고 술을 같이하다 보니 늘 그리움 속에 눈물로 기억되는 처음이자 마지막이 되어버렸던 내 아버지와의 술자리가 생각나는구나. 그때의 내 나이만큼 너는 자라서 이제는 들어도 무방할 나이이니 아버지의 아버지인 네 할아버지 이야길 들어 보렴?

1974년 12월 9일, 겨울이었지만 부산은 비가 내리고 있었다. 지금처럼 저렇게 많은 비는 아니었지만, 집합장소인 부전역 광장은 때 아닌 겨울비로 진창으로 엉망이 되어 있었지. 아버지는 본적을 오래전에 부산으로 옮겨 놓았다. 주민증이나 어디건 공문서에 따라다니는 본적란에 산청 양민 학살 사건이 일어난 방곡리로 고향주소가 나오는 걸 싫어해서였지. 그래서 그때 거주지이기도 한 부산에서 나는 군대를 가게 되었다.

간단한 인원체크를 하고 점심을 가족들과 먹으라며 시간을 내주었어. 여자들은 따라오면 울기 십상이라며 어머니를 못 오게 한 아버지는, 그때 직장을 쉬고 있던 나보다 댓 살 더 많은 외사촌 형과 같이 내 배웅을 나왔었지. 우리는 비에 질퍽거리는 진창을 피해 걸으며 부전시장으로 들어갔다.

"저리로 가자, 쌀쌀 할 땐 그저 국밥이 최고지."

아버지는 앞서서 하얀 김이 몽실거리는 돼지국밥 집의 포장을 들추며 들어섰다. 국밥집 안은 우리처럼 배웅 나온 가족들로 발 디딜 틈이 없었어. 나는 외사촌 창이 형과 같이 앉고 아버지는 맞은편에 앉았다. 국밥 세 그릇과 막걸리 한 주전자를 나는 시켰지.

"한잔 드세요, 아버지."

우리는 잔을 하나씩 그득 채우곤 창이 형 주창으로 건배를 하였어. 그러며 나는 술을 마시는 아버지의 눈에 눈물이 어리는 것을 보았다. 아마도 처음으로 마주앉은 자식과의 술자리가 지금의 나처럼 너무도 감격스러워서일 것이지만. 아버지는 이미 그 시간에 자신이 해야 할 일이 무엇인지 읽고 있었던 거야. 또, 연좌제에 걸려 아무것도 할 수 없었던, 모진 세월을 견디며 잘 커온 자식이 대견스러웠겠지. 아버지는 몇 달 뒤에 스스로 세상의 끈을 놓으며, 자식과의 처음 가진 술자리를 마지막 이별의 술자리로 바꾸어 놓았다.

주전자가 비었구나, 하나 더 시키련? 할 말은 지금부터이니깐. 네가 열 살쯤 되었을 때이다. 그때나 지금이나 나는 비 오는 날이 쉬는 날이었어. 모자란 잠을 낮이지만 자고 있는데, 부산에 계시는 어머니가 전화를 해왔다.

"창이가 며칠 전에 갔다. 네 외숙모가 아무에게도 알리지 말라 하여 연락을 안 했구나. 그놈, 네 아버지 계실 때 네 돈 다 뜯어먹었다며 그렇게도 구박을 받더니……."

삶은 참 모질기도 하다. 창이 형은 기운이 다한 집안을 어쩌지 못하고 스스로 목숨을 끊으려 여러 차례 시도하더니, 결국은 그 후유증이 겹쳐 세상을 마감하게 되었더구나. 하지만 그 죽음에 앞서 여태 모르고 있던 사실을 나는 알게 되어, 어쩌지 못하는 죄인 아닌 죄인이 되어 지금도 비만 오면 아버지와 창이 형 생각에 마음이 서글퍼진다.

그러니깐 그날이었다. 내가 입영열차를 타던, 질척거리는 역 광장에서 아버지와 이별하고 돌아서는 길이었지. 지정된 열차 칸으로 탑승하기 전 나는 내 호주머니에 들어있던 작지만, 친척들이 모아준 용돈을 몽땅 꺼내 창이 형 주머니에 넣어 주었다.

"군대 가는 놈이 돈이 뭐 필요 있나요. 형님, 가다가 아버지 술 한 잔 더 사드려요. 그리고 담배 사 피우세요."

창이 형은 실직 중이라 담배 값 한 푼 없는 걸 내가 잘 알았다. 그리고 돈에 대한 애착심이 그때나 지금이나 난 별로 없어서 동전 한 푼 안 남기고 창이 형 호주머니에 강제로 쑤셔 넣었지. 만류하는 형의 손을 뿌리치고 입대 장정들 틈에 섞여 열차로 뛰어올랐다. 내 자리를 찾아 앉아서 밖을 보니 가신 줄 알았던 아버지가 키 작은 무화과나무 아래 서서 두리번거리며 나를 찾고 계신 거야. 낡은 중절모 위의 찢어진 우산 사이로 굵은 빗물이 뚝뚝 지고 있었어.

아버지는 거기 서서 내가 가진 돈을 몽땅 창이 형에게 주는 것을 목격하신 거다. 여기까지 밖에 알지 못하는 아버지는 돌아가시기 직전까지, 군에 가는 동생에게 한 푼 보태주지는 못하면서 오히려 그 돈을 몽땅 빼어왔다며 창이 형을 나무라셨던 게지. 창이 형은 그래서 아버지 앞에만 서면 죄인처럼 고개를 숙이고 아무 말도 하지 못했다는구나. 모르긴 해도 어머니도 그 사실을 아버지한테 전해 듣고 자신의 친정조카이지만 창이 형을 많이 서운해 했을 거다. 그러나 어쩌랴. 그렇지 않다는 사실을 나만 알고 있으니.

입영열차가 출발하기 직전이었다. 같은 입대 장정 한 명이 출입구에서 내 이름을 부르더구나.

"정이식씨, 정이식씨가 누구입니까?"

나요! 하고 손을 들고선 나는 앞으로 갔다.

"어떤 사람이요, 이걸 전해주라고요. 심부름 값으로 담배 한 갑을 나는 받았어요."

커다란 종이봉투 두 개를 주더구나. 자리로 돌아와 열어보니. 세상에. 창이 형은 내가 준 돈을 한 푼도 안 쓰고 과자야 빵이야 술 그리고 음료수 등, 두 봉지 가득 사서는 남은 잔돈은 고스란히 봉투 위에 얹어서 보낸 거다. 열차는 플랫폼을 막 출발하고 있었지. 그러곤 그 사실은 내 기억 속에서 멀어져 갔다. 얼마 뒤 아버지는 돌아가셨고, 아무도 창이 형이 아버지 살아생전에 구박당한 이야길 내게 해주지 않았다.

창이 형은 왜, 내게서 받은 돈을 다시 돌려주었다고 아버지께 말하지 않았을까? 아버지는 어찌하여 설사 그렇다 하여도 당신의 성품상 그냥 넘어갈 일을 두고두고 창이 형 가슴에 못이 박히도록 나무람을 하였을까? 그래서 나는, 그날의 창이 형 행적을 더듬어 보았다.

창이 형은 버스에서 내려 집으로 안 가고 술집을 찾았다는구나. 거기서 가진 것 없어 군대 가는 동생에게 여비 한 푼 쥐어 주지 못하는 서러움을 술로 달래고 있었던 거지. 아마도 술집주인에게 사정하여 술도 외상으로 마셨지 싶다. 그러나 아버지는 거기서 오해를 하신 거다. 내게서 돈을 받아선 술집에서 그 돈을 다 탕진하고 말았다고. 돌이켜보면 나라도 화가 났을 것은 자명한 일이다. 하지만 지금은 아버지도 또 창이형도 계시지 않으니 어디에도 이 오해를 풀길이 없구나. 그래서 나는 내 맘속에만 이 이야기를 꼭 간직하고 있었고, 그때에 내 나이만큼 네가 먹음에 스스럼없이 네게 들려주는 것이란다.

세월은 빠르게 또 흐르겠지. 언젠간 너도 아버지가 될 것이고 아들이 너만 한 나이에 이르면, 지금의 우리처럼 막걸리 집에 앉아 쏟아지는 비를 바라보며 추억을 들출 것이 틀림없다. 그러며 너는 네 아들에게 이렇게 말을 하겠지.

"아들아, 내 아버지는 가진 것은 없어도 마음은 올곧아서, 세상을 항상 긍정적 사고로 아름답게 바라보며 사셨단다." 하고.

그러길 바람은 나뿐이 아닌 세상 모든 아버지도 같은 생각일 것이다. 아버지란, 돌아가셔서야 그리운 존재이기 때문이지.

초등학교 운동회의 추억

요즘 꿈자리에 어릴 적 동무들이 자주 나타납니다. 귀밑머리가 새하얀 세월에 지친 모습이 아니라, 볼이 빨갛게 추운 겨울날에도 열심히 뛰어다니던 코흘리개 동무의 모습으로 말입니다. 동무. 이렇게 친구를 부르면 아주 위험한 시절도 있었지만, 세월이 변모한 지금은 친구보단 동무가 더 많은 추억을 불러주기에 그냥 동무라 불러봅니다.

모처럼 고향을 다녀오며 4학년까지 다니던 모교엘 들렀습니다. 하루가 다르게 모든 것이 바뀌어 가는 초고속 시대에서 학교는 40년이란 세월을 견뎌내지 못하고 담장, 교문, 운동장, 교실은 물론, 기억이 묻어나올 어느 흔적도 하나 남김없이 깡그리 없애버렸습니다. 그래도 위안이라면 교문 옆에 비뚜름히 서 있는 느티나무랄까요? 지금은 잎이 져서 황량해 보이지만 한여름이면 어김없이 큰 그늘을 지으며 학교를 지탱하는 역할을 지금도 당당히 해내고 있는 듯하였습니다.

교문과 교실은 한 뼘도 안 되는 지극히 작은 거리이지 싶은데 왜 그리 넓고 또 멀었던지요. 젖 먹던 힘을 다하여 트랙을 돌던 그때엔 너무도 큰 운동장이었습니다. 그러나 뭐니 뭐니 해도 옛 추억의 되살

· 1958년 경남 합천에서 출생
· 현재 대구 달성 거주
· 《문학사랑》 2012년 여름호 수필 부문 신인상 당선
· 대한사이버문학회 동인
· e-mail : tjswn112@hanmail.net

림은 무한한 꿈이 더 커지던 초등학교 가을운동회입니다.

여름내 비탈진 산 중턱을 오르내리며 구릉지에 있는 밭이랑을 메고 계단식 논둑에서 소 풀을 베던 일. 선 머슴애처럼 바지게에 가득 풀을 담아 지고 꼬부랑 논둑길을 내려오며 비틀거리다 논두렁에 몇 번이고 꼴짐을 처박기도 하였지요. 부드러운 흙 탓에 상처하나 안 입고 툴툴 털고 다시 지게를 지면 모시 적삼 흠뻑 적시도록 땀 흘리며 일하시던 부모님은 걱정보단 웃음을 먼저 흘렸습니다.

뜨거운 태양과 폭풍을 이겨낸 곡식이 익어 무거운 고개를 숙일 때쯤이면 추석은 멀지 않았고, 마을 잔치이기도 한 학교운동회는 연습이 시작되었습니다. 가까웠던 동무와는 백군과 청군으로 나뉘어 적이 아닌 적이 되어 만나기만 하면 으르렁 부터 먼저 대던. 하늘도 청군과 백군으로 늘 갈렸습니다. 구름이 많이 깔린 날이면 올 운동회는 백군이 이길 징조라며 백군 동무와 동무들의 가족은 모두가 기뻐하였습니다. 반대로 하늘이 온통 청 빛이면 청군 쪽은 또 얼마나 열광하였던지요.

8남매인 우리 집은 형제가 많아 내가 4학년 때엔 위로 6학년인 언니와 2학년인 남동생 그렇게 3명이 초등학교에 다녔습니다. 4학년인 그 해엔 나와 동생은 청군이고 언니는 백군이라 우리 가족도 편이 갈려서 한시적이지만 아군과 적군이 되어 서로 자기편을 응원하였습니다. 지금은 소 운동회라 불리는 총연습이 있던 날 저녁 밥상머리에서 우리는 서로 자기편이 내일 이긴다며 심하게 다투기까지 하였습니다. 드디어 고대하던 내일이 오고 운동회가 열렸습니다.

서로 목이 터져라, 같은 편을 응원하고 승패의 점수 변화에 따라 얼굴색이 바뀌고, 진짜 큰 싸움이라도 일으킬 것같이 마을 어른들의 표정은 하나같이 무겁고. 그 와중에도 미꾸라지를 잡아 끓인 해장국에 대포 한잔으로 얼큰한 기분을 돋우는 어른도 많았습니다.

달리고 또 달려서 얻는 상품은 고작 연필 한 자루나 공책 한 권이지만 그래도 상이어서 받으면 기분은 얼마나 또 좋았던지요. 하지만 운동회의 별미는 뭐라 해도 역시나 먹는 것입니다. 온갖 풍선이야 뽑기야, 전국의 장사꾼은 다 모여들었습니다. 나는 어머니가 주신 십 원 지전을 꼬깃꼬깃 주머니에 넣고 있다가 피리 끝에 깃털과 풍선이 달린 풍선피리를 하나 샀습니다. 불고 또 불고 그러며 점심시간을 기다렸습니다. 장대 끝에 벌집처럼 달린 둥근 통을 1학년 동생들이 콩 주머니를 던져 터트리자 오색 테이프가 흘러내리며 점심시간이라는 큰 글자가 적힌 현수막이 쏟아져 내려옵니다. 운동장은 와 하는 함성에 묻혀만 갔지요.

얼마나 기다리던 운동회 점심시간이던가요. 운동장은 이때부터 잔치판으로 바뀝니다. 학생이 없는 친척들도 밥을 싸서 따라왔기에 미리부터 차지한 미루나무 밑에 우린 넓게 자릴 하고 앉았습니다. 보리밥에 고구마를 얹어 먹던 가난이 어른들의 어깨를 짓무르던 시절이지만 그때만큼은 기름진 햅쌀밥에 산골에선 귀한 생선과 지금도 내가 좋아하는 김을 장만 하셨습니다. 별의별 좋은 음식이 홍수처럼 쏟아져 나오는 시대이지만 그때 운동장에 펴져 앉아 먹던 햅쌀밥에 간고등어 한 조각의 맛을 따라올 수는 없습니다.

합천군 가야면 가산초등학교. 교문 옆 미루나무 아래엔 잘 만들어진 벤치가 놓여 있습니다. 거기에 앉아 가만히 눈을 감아봅니다. 청군 이겨라. 백군 이겨라. 커다란 깃발을 흔드는 아이들의 모습이 눈에 선히 다가옵니다.

동물 이름이 적힌 쪽지를 들고 그 동물의 가면을 찾아 쓰고 달리는 게임이 있었습니다. 밥도 배불리 먹었겠다, 마을 뒷산능선을 다람쥐처럼 쏘다니던 때이라 달리기 하나만큼은 나는 자신이 있었습니다. 3학년 때엔 육상선수로 뛰기도 했습니다. 땅. 총성과 함께 퀴퀴한 화약

냄새를 흥흥거리며 드디어 나는 달렸습니다. 역시나 1등으로 달려 중간쯤에 놓여있는 쪽지를 집어 드니 염소라 적혀있었습니다. 하지만 아무리 찾아보아도 염소 가면은 없었습니다. 두리번거리는 사이에 하나 둘 동무들은 가면을 찾아 쓰고 나를 제치고 달려갔습니다. 응원하던 할머니는 너무 애가 타서 눈물을 글썽이며 그냥 가라고 손을 흔드셨습니다. 그래도 이건 아니다 싶어 멈칫거리자 남아 있는 여우 가면을 주워주며 선생님은 그냥 달리라고 몸짓을 하였습니다. 이건 염소가 아니라며 펑펑 울자 선생님은 재차 등을 토닥이며 달려가라 하셨습니다. 그러나 어쩌나요. 대충 쓰긴 썼는데 눈이 옆으로 돌아가 아무것도 보이지 않네요. 엉뚱한 곳으로 달리다 그만 쿵 하고 받히어 쓰러졌는데 하필이면 교감 선생님이라니요. 교감 선생님은 쓰러진 나를 일으켜 댕강 안아서는 결승선에 내려놓았습니다. 당연하지만 나는 꼴찌가 되었습니다. 꼴찌에게도 한 권의 공책을 주지만 나는 떠나지 않고 그 자리에 앉아 펑펑 울었습니다. 1등 하면 공책을 세 권 주는데 동생에게 준다고 약속을 한 터이라 마음이 매우 아파서였지요. 또 억울하기도 해서 다시 뛰게 해주라고 선생님께 막 떼를 썼습니다. 선생님도 기가 막혔든지 아니면 나의 떼를 응석으로 받아 주셨던지, 빈 시상대에 나를 올려놓고 1등이라며 공책을 세 권 주셨습니다. 그제야 눈물을 걷고 돌아서던, 그때의 내 모습이 미루나무에 새겨진 듯, 잎 진 가지사이로 빠져나가는 바람 소리가 싱그럽게 들립니다.

바람같이 내 달리며 웃고 뛰놀던 옛 동무들은 다 어디서 사는지. 소사라 불리던 학교 아저씨조차 보이지 않는, 텅 빈 교정을 둘러보며 아쉬운 마음만 가득 남긴 채 나는 쓸쓸히 발길을 돌렸습니다. 언젠가는 다시 오리라 기약 없는 약속을 되뇌이며.

할머니와 고욤나무

지금은 화장실이라 부르지만, 내 어린 시절엔 화장실이란 낱말은 없고 그저 뒷간이라고만 불렀습니다. 글자 그대로 한참이나 뒤에 있었지만, 헛간을 겸한 다용도실로 사용했기에 뒷간이라 불렀지 싶습니다. 그때의 겨울밤은 유난히도 길었고 잠을 못 이루고 뒤척이다 보면 뒤는 왜 또 그리 자주 마려웠던지. 그때에도 뒷간에는 달걀귀신이 나왔습니다. 빨간 종이를 움켜쥔 달걀귀신이 무서워서 문고리를 잡은 채 댓돌을 딛지 못하면 어머니는 이런 나를 닭장 앞으로 데리고 가서 닭아 닭아를 몇 번이고 말하게 했습니다. 뒷간. 밤이면 무서움의 대명사지만 낮이 되면 그런 두려움은 멀리 멀리 달아나 버립니다.

거적을 두른 화장실 곁칸은 온갖 농기구들을 모아두는 창고를 겸하고 있습니다. 여기 한쪽 구석엔 시렁이 만들어져 있고 그 시렁 위엔 보물단지라 불리던 몇 개의 항아리가 있습니다.

겨울이 시작되며 먼 산부터 눈이 쌓여오면 할머니는 집 앞의 커다란 고욤나무에서 고욤을 훑어 항아리에 담아 놓습니다. 눈이 마을까지 내려오고 냇물마저 꽁꽁 어는 한 겨울이 되면 항아리 안의 고욤들은 그대로 곰삭아져서 조청처럼 아주 단, 꿀로 변합니다. 달빛이 유난히도 차갑게 내리는 섣달에 들면 할머니는 얼음이 사각거리는 고욤조청을 떠내어 호롱불에 의지하며 긴긴밤을 지새우던 우리에게 한 사발씩 안겨주었습니다.

창호지에 덧대어 바른 문풍지를 울리는 황새바람 소리에 몸을 오싹이면서, 끌어당기는 이불 한 귀퉁이로 누군가의 발이 쑥 불거져 나오기도 하고, 이웃에 사는 사촌들과 같이 이마를 맞대며 먹는 고욤의 맛, 이가 시리도록 차가움에 혀를 훌훌 불면서도 킥킥거리며 숟가락으로 퍼먹던 그 맛은, 온갖 먹을 것이 풍부한 지금에도 사라지지 않고 입 안 가득 군침이 고이게 합니다.

고향 집 마당 끝에는 큰 바위가 있습니다. 바위 곁에는 할머니 나이보다 더 많은 커다란 고욤나무가 위풍을 자랑하며 서 있습니다. 바위에 몸의 일부를 의지하며 마당 안으로 허리를 휘며 서 있는 고욤나무는 큰 바위와 함께 우리 집의 수호신이기도 했습니다. 겨울이면 고욤나무엔 문어 빨판처럼 가지 끝에 다닥다닥 고욤이 열립니다. 그 고욤을 얻어먹고자 마을 아이들은 늘 우리 집 근처에서 맴돌았습니다. 할머니는 아이들의 손에 닿는 것들만 따 먹도록 허용하고 나머지 높은 가지에 달린 것들은 익으면 모두 따서 항아리에 재워 조청을 만들었습니다.

살보단 씨가 많아 연신 뱉어내기 일쑤인 고욤조청은 이제 아이들의 간식거리로도 응용되지 않지만 한겨울이 다 가도록, 가지 끝에 주렁주렁 달려있던 옛집 마당 끝의 고욤 생각이 왜인지 그치질 않았습니다. 겨울은 또 와서 유난히도 올해는 눈이 많이 내려 별 일없는 하루가 많아짐에 문득 고향 집 고욤나무가 보고파졌습니다. 초등학교 4학년 때에 대구로 이사 오며 50대 중반을 넘어서도록 한 번도 가지 않은 고향 집입니다. 얼마나 변했을까? 고욤나무는 혹시 베어지지는 않았을까? 지금도 고욤이 달릴까? 별별 생각들이 꼬리를 물며 까마득한 어린 시절의 향수를 자꾸자꾸 일깨웠습니다. 그래. 가자. 그리움이 봇물 터지듯 마음속을 헤집어서 정말이지 큰마음을 먹고 합천군 가야면, 내 고향 해인사 가는 버스에 덜렁 올라탔습니다. 한 시간 남짓 달려오니 바로 고향인 것을 어찌하여 나는 이리도 멀리하며 지내왔을까요? 40여 년이 지난 세월이 야속하기만 했습니다.

큰길에서 마을로 오르는 작은 언덕은 포장만 발라 놓았지 형태는 옛길 그대로여서 길가에 쌓인 두엄더미에서 풍기는 악취는 오히려 푸근한 고향 내음으로 추운 내 속을 덥혀줍니다. 마을 초입의 길가에 있는 작은 집은 마지막까지 고향을 지키시던 작은아버님이 대구의 요양원에서 돌아가시며 빈집이 되었습니다. 사촌들과 뛰어놀던 마당은 텃밭으로 변한 지 오래, 허물어진 담장 사이로 머리에 눈을 이고 서 있는 쑥 대공들이 흉흉하게만 느껴집니다. 사촌들은 나보다 더 고욤조청을 좋아하여 겨울이면 할머니가 계시는 우리 집 사랑채에서 살다시피 하였습니다. 한 이불 밑에 다리를 묻고 떠들고 웃으며 행여나 고욤조청을 가져다줄까, 할머니를 보고 또 보던, 내 사촌들도 멀리 떨어져 살아서 지금은 왕래조차 끊긴 지 오래입니다. 비바람에 한쪽 벽이 허물어진 작은집을 바라보며 허물없이 지내던 사촌들 생각에 기어이 울컥하고 울음을 터트렸습니다. 다행히도 마을 끝머리에 자리한 우리 집은 기와집 옛 형태를 그대로 간직한 채 누군가가 살고 있었습니다. 지워진 줄 알았던 유년시절의 내 기억들이 옛집을 대하며 고스란히 살아났습니다. 고욤나무 또한 변함없이 그 자리에 그대로 있습니다. 버팀목처럼 마당 가 큰 바위 옆에서 서너 아름이나 되는 몸매를 간직한 채 꼿꼿하게 서 있습니다. 하지만 고욤나무에는 고욤이 달려있지 않았습니다. 명이 끊긴 지 오래된 듯, 바싹 마른 가지 대부분이 떨어져 나갔고 빈 몸통들만 둥실하게 남아서 그래도 옛 주인을 반기려는 듯 바람이 불자 으스스 몸을 떨었습니다.

고욤조청이 가득 담긴 항아리를 들고 나올 것 같아서 지금은 아무도 없는 집에 대고 할머니, 하고 나지막이 불러봅니다. 그러나 할머니는 대답도 없고 할머니 머리카락처럼 하얀 눈들만 지붕 위에 우두커니 앉아서 나를 바라봅니다. 눈물만 하염없이 내 볼을 타고 흘러내립니다.

이렇게 고향은 역사 속에서 사라지고 있습니다. 고욤나무도, 또 할머니의 고욤조청도, 이제 우리 아이들처럼 동화책에서나 볼 수 있는 먼 옛날이야기가 되었습니다. 덧없는 세월을 야속해하며 떨어지지 않는 발길을 억지로 떼며 돌아서는 길. 위용은 여전한 큰 바위 아래 다소곳이 앉은 푸릇한 질경이가 보입니다. 멀지 않은 봄을 알리려는 듯, 우리 할머니도 봄처럼 다시 돌아오신다면 얼마나 좋을까요? 고욤조청이 가득 담긴 할머니의 항아리를 그리며 돌아보고 또 돌아보는 고향의 옛집, 그리고 고욤나무. 눈이 또 내리려는 듯 고향 뒷산의 하늘은 자꾸만 어두워져 갔습니다.

아동문학

http://cafe.daum.net/hankuk2003

▶▶▶ 아동문학

아스팔트 위에 피는 꽃

가물거리는 아지랑이가 시커먼 아스팔트 위에 안개처럼 피어오르는, 학교 앞 네거리는 오늘도 많은 차량이 꽁무니를 물며 달리고 있습니다. 수업이 끝났는지 한 무리의 아이들이 왁자하니 떠들며 교문을 나와 파란불이 켜진 네거리를 향해 달려갑니다.

"할머니 이거 얼마에요?"

연녹색 잎이 부드러운 가로수 나무 그늘에 할머니처럼, 다래는 아이들을 따라가지 않고 아스팔트 위에 쪼그려 앉으며 자두의 값을 물었습니다. 언제나 값만 묻고 사지 않는 다래의 가난한 호주머니를 할머니는 누구보다 더 잘 알고 있습니다. 행여나 오늘도 그냥 갈까 미리 걱정을 하며 잘 익은 자두 한 개를 다래의 손에 먼저 쥐어줍니다.

"다래야, 이것 그냥 먹으렴. 너무 익어서 놓아두면 내일은 못 팔기 때문에 널 주는 거야. 걱정 말고 받아라. 응?"

값을 치르지 않고는 함부로 받을 수 없다며 한사코 그냥 가던 다래였습니다.

"할머니 고맙습니다."

· 1954년 경남 산청 출생
· 문학사랑으로 수필가와 동화작가 등단
· 제 23회 문학사랑 인터넷 문학상 수상
· 2009년 경남신문 신춘문예 '나무와 새' 동화 당선
· 문학사랑 문인협회, 한국문인협회, 경남아동문학회 회원
· 대한사이버문학회 동인 · 현 진주 하대동 거주
· 010-4800-1623 · e-mail : cis1623@hanmail.net

할머니의 걱정은 괜한 기우가 되었습니다. 어쩐 일인지 다래는 겸연쩍어하면서도 활짝 웃으며 긴 머리가 땅에 철렁이도록 할머니에게 인사를 하였습니다. 그러며 받은 자두를 손에 쥔 채 보석을 바라보듯 황홀한 표정을 짓더니 일어서서 미끄러지듯 네거리를 향해 달려갔습니다. 다리를 심히 저는 제 할머니 손을 잡고 입학식 날 교문을 들어서든 다래의 첫 모습을 떠올리는, 할머니의 얼굴에도 모처럼 평화로운 웃음이 피었습니다. 하늘엔 둥실둥실 흰 구름이 떠 있어서, 가파른 달동네 언덕길을 올라가며 쌕쌕거리는 다래의 머리 위를 그림자를 드리우며 따라가고 있습니다. 빨간 양철 지붕 너머로 다래가 보이지 않을 때까지 할머니의 눈길도 다래를 쫓아갔습니다.

저녁이 지나며 어둠이 몰려와서 못다 판 자두를 싸서 할머니가 떠나자, 멀리서 망을 보던 검은 구름이 삽시간에 네거리 하늘 위를 차지하였습니다. 하얀 가로등 불빛에 붙으려 미끈거리며 달라붙던 물방울들이 밤이 깊어가자 비로 변신하였습니다. 신문 배달 소년이 네거리에 나타날 즈음엔 비의 양은 제법 많아져서 하수구 주위로는 발이 잠길 듯 많은 물이 넘쳐났습니다.

"아직 반도 못 돌렸는데 큰일이야. 이러다 학교 지각하겠어."

신호등에 파란불이 오자 네거리를 건너는 신문소년의 자전거 뒷바퀴로 희뿌연 빗방울들은 튀어 오르며 아침을 재촉하고 있습니다. 빨갛고 파란 우산을 든, 햇병아리처럼 신선하고 귀여운 아이들이 네거리로 몰려들 때에도 비는 여전하여서 그칠 줄 몰랐습니다.

"자. 어린이 여러분 어서 건너세요. 파란불입니다."

엄마들의 손에 들린 노란 깃발의 표식에 따라 우산을 치켜든 아이들이 네거리를 건너왔습니다. 고사리 손의 마지막 1학년이 건너오고 엄마들은 모두 돌아들 가는데도 다래의 모습은 보이지 않았습니다. 파란불이 들어오고 또 빨간불이 들어오고 몇 번의 신호가 한참이나 뒤바뀐 뒤, 멀리 언덕을 넘어서는 다래가 아주 작은 점으로 나타났습니다. 비옷을 대신한 하얀 비닐포대를 고깔로 만들어 머리에 쓰고 종종걸음으로 골목을 내려오고 있습니다. 네거리를 건너온 다래는 할머니가 앉았던 자리에 서서 물끄러미 아래를 내려다보았습니다. 졸졸 빗물이 흘러들어 가는 시커먼 아스팔트 금이 간 사이에 민들레 새싹이 앙증맞게 떡잎 두 장을 쏘옥 내밀고 있습니다. 다래는 나뭇가지에 비닐포대를 걸어두며 민들레 새싹에 말을 걸었습니다.

"민들레야. 할머니가 매우 아프셔서 병간호하느라 늦었어. 이 포대는 할머니 것이거든? 우리 할머니 몸 다 나으시면 돈 벌러 가실 때 써야 해. 잊어버리면 안 되니 꼭 지켜 줘. 알았지?"

깨어진 벽돌을 주워 민들레 새싹으로 내려가던 물길을 막아놓고 손바닥을 우산처럼 머리 위에 드리우며 다래는 교문을 향해 마구 달려갔습니다.

다음날은 아이들이 학교에 오지 않는 일요일입니다. 비는 그쳤지만 네거리는 쓸쓸하기 그지없습니다. 건너는 사람도 드물고 아이들은 영 없건만, 할머니는 아랑곳 않고 아침부터 네거리 한쪽 편에 자두가 담긴 광주리를 들고 와서 자리를 잡았습니다. 돗자리 위의 바구니에 담은 자두는 빗물이 채 마르지 않아, 빛깔도 싱싱하니 참 좋습니다. 구름을 비껴 내린 익은 봄볕만 할머니의 성큼 난 흰머리를 매만지며 친구하고 있습니다.

"아이들도 나오지 않는 휴일인데 좀 쉬시지 않고 또 전을 벌렸네요?"

한낮이 되어 따가운 볕을 피해 가로등 그림자를 따라 자리를 옮긴 할머니에게 반가운 손님이 찾아왔습니다. 시내에서 돌아오는 두 명의 엄마입니다.

"새댁 같은 손님 때문에 내가 자리를 지키는 것이라오. 어젠 또 비가 와서 공도 쳤고, 골라 봐요. 다 싱싱하니깐"

"이것. 얼마에요?"

젊은 엄마 한 분이 굵직한 자두 하나를 집어 들었습니다.

"응, 그거, 한 바구니에 5,000원은 받아야 하는데 마수니깐 4,000원만 줘요."

할머니 얼굴에 모처럼 환한 웃음꽃이 피었습니다. 자두를 바구니 채로 들어 비닐봉지에 옮겨 담았습니다.

"에이, 할머니, 비싸다. 조금만 깎아줘요. 3,000원 합시다."

"색시야 안 돼. 이 늙은이 이것 하나 팔아 얼마 남는다고."

자두가 담긴 봉지를 앞에 놓고 젊은 엄마는 계속 흥정을 했습니다.

"할머니, 그럼 이렇게 해요. 서로 반반씩 손해 봅시다. 할머니 500원 나 500원 됐지요?"

"하하하. 물건 값은 서로 당기고 밀어야 맛이 나지. 좋아요. 좋아."

5,000원 짜리를 3,500원에 팔면서도 할머니는 기분이 아주 좋습니다. 옷을 잘 차려입은 젊은 엄마도 기분이 좋기는 마찬가지입니다. 콧노래까지 불러가며 잔돈을 받아 지갑에 넣었습니다.

"에이, 현이 엄마 너무했다. 그깟 500원 있어도 그만 없어도 그만인데 왜 깎아?"

네거리를 건너며 나이가 든 엄마가 할머니 들을세라 작은 소리로 말을 합니다.

"뭘 모르시네요? 저 할머니 아들이 대학교수라요. 대학교수."

"응? 아들이 교순데 왜 종일 저런대서 쪼그려 앉아 장사하지?"

"시골서 땅 팔고 집 팔아 박사 만들고 교수 만들어 주었더니. 뭐, 미국 가서 산다나? 명절 되어도 코빼기도 안 보인다네요."

"그래도 그렇지. 자신의 어머니가 이렇게 고생하는데 모셔가든지 하지 원."

"할머니는 사람이 그리운 겁니다. 여기서 만나는 사람들과 이렇게 흥정을 하고 그러며 사람 사는 즐거움을 만끽하며 사는 거예요."

"에그, 그것 보면 없다 해도 자식 애 안 썩히는 우리가 더 낫다. 그렇지?"

두 엄마의 머리 위로 어디서 날아왔는지 노랑나비 한 마리가 나풀대며 따라갑니다.

"다래가 요즘은 왜 안 보이는 거야?"

변함없이 집으로 돌아가는 아이들에게 자두를 팔고 있는 할머니는 며칠째 보이지 않는 다래를 걱정하며 먼 하늘을 바라보았습니다.

"그래. 벌써 5일이나 되었네. 다래네 집에 무슨 일이 있나 봐."

빨간 양철지붕 너머로 눈길을 보내는 할머니의 눈가로 촉촉한 이슬이 맺히고 있습니다.

"우리 교수님도 다래만 할 땐 못살아서 시장바닥에 내버린 과일을 내가 주워 먹였지. 어릴 때 못 먹어서 입이 다 돌아가던 우리 교수님이었잖아. 다래를 보면 자꾸 우리 교수님 어렸을 때 생각이 나네. 다래야, 어디 있니? 자두 좋아하는 너 주려고 이렇게 많이 모아두었는데."

노란 자두를 매만지며 할머니는 혼잣소리로 다래를 찾고 있습니다. 운동장에서 공을 차는 아이들의 소리만 우렁차게 대신 답을 합니다.

"앗! 다래다. 분명 다래야. 얘. 다래야."

달동네 가파른 언덕길에 눈길을 두고 있던 할머니가 기쁨에 겨운 비명을 내쳤습니다. 호주머니에 손을 넣고, 선 머슴애처럼 터덜거리며 내려오던 다래는 저를 부르는 할머니를 보았습니다.

"할머니."

다래는 힘차게 달려왔습니다.

"안녕하셨어요? 할머니."

다래는 언제나처럼 할머니 앞에 쪼그려 앉으며 생글거리며 웃었습니다.

"다래야. 왜 학교는 안 나왔어? 그간 무슨 일이 있었니? 이거 너 주려고 할머니가 모아둔 거란다."

전보다 더 야위어 보이는 다래의 얼굴을 보며 할머니는 깊은숨을 몰아쉬었습니다. 다래는 물끄러미 바구니에 담긴 자두를 바라보다 몇 개를 잡아들었습니다. 물렁거리지만 알싸한 자두의 향은 그대로 살아 있었습니다. 그러나 전처럼 고마워하지 않고 자두를 다시 바구니에 담아 할머니에게 주었습니다. 군침을 삼키면서도 할머니가 주는 자두를 먹지 않고 집으로 가져가던 다래를 기억하는 할머니는 깜짝 놀랐습니다.

"다래야. 자두는 많으니깐 돈 걱정하지 말고 어서 먹어라. 집에 갈 때 가져갈 것 할머니가 따로 챙겨 줄게."

"자두, 이제는 필요 없어요."

힘없이 자두를 내려놓은 다래는 일어섰습니다.

"우리 할머니가요……."

다래는 머리를 숙이고 발끝을 비비적대며 울먹였습니다.

"할머니가 왜? 다래야. 할머니한테 무슨 일이 생겼니?"

따라 일어선 할머니는 가늘게 떠는 다래의 어깨를 감싸 안았습니다.

"자두를 좋아하시는 할머니는요, 할머니는 저기, 하늘나라로……."

다래는 말을 잇지 못하고 돌아서서 손으로 눈을 가리며 훌쩍였습니다.

"뿌웅."

멀리 강가를 돌아가는 기차의 기적 소리가 들려왔습니다. 천사가 다녀가는, 말 없는 짧은 시간이 지난 뒤에 할머니는 조용히 다래를 불렀습니다.

"다래야."

돌아서서 걸음을 옮기던 다래가 멈추어 섰습니다. 그리곤 고개를 돌렸습니다. 금방이라도 떨어질 듯 커다란 눈물방울이 다래의 눈언저리에 그렁그렁 맺혔습니다.

"다래야. 내가 대신 네 할머니가 되어 줄게. 이리 오련?"

할머니의 목소리에도 울음이 섞여 있습니다.

"할머니."

다래는 울먹이며 할머니를 보았습니다.

"그래. 다래야."

"할머니."

다래는 두 팔을 벌리고 있는 할머니 품으로 뛰어들었습니다. 갈라진 아스팔트 사이로 돋아나 노란 꽃을 피운 민들레 한 송이가 배시시 웃음을 짓고 있는, 유월은 아스팔트 위에서 아름답게 영글고 있습니다.

나도 날 수 있을까?

나는, 꽁지라 불리는 발이 아주 작은 개 발바리다. 언제나 민지네 대문 곁에 묶여 지낸다. 새끼 때에 병든 채로 길가에 버려진 걸 민지가 데려왔다. 민지는 늘 자랑처럼 말한다. '너, 나 아니면 벌써 하늘나라로 갔어.' 나는 민지가 하는 말을 다 알아듣는다. 민지도 내가 무슨 말을 하는지 다 안다. 다시 말하면 민지만 알아듣는다.

"민지야, 어디가?"

오늘은 이상하게 민지가 자꾸만 안방 쪽을 흘깃거린다. 수상쩍어 앞을 가로막으며 물었다. 누군지 뻔히 알면서도 민지는 깜짝 놀란다.

"뭐야? 이 개. 알아서 뭐 하려고?"

나쁜 짓 하다 들킨 것처럼 민지의 얼굴이 빨개졌다.

"나 좀 데려가 줘. 심심해 죽겠어."

민지가 머뭇거린다. 이럴 때엔 좀 더 강한 걸 던져야 한다.

"안 그러면 엄마한테 이를 거다? 학원 땡땡이 친다고."

"앗! 어찌 알았지? 내가 학원 안 가려는 줄"

"네 눈에 그렇게 쓰여 있어. 헤헤."

"징그럽다 얘. 개가 개처럼 웃어야지 헤헤는?"

드디어 해방이다. 언제는 줄을 잡고 다녔는데 오늘은 아예 목을 끌러준다.

"우와! 우리 민지 최고."

"꽁지야, 멀리 가지 말고 나만 따라다녀. 안 그러면 알지?"

눈을 찔끔거리며 민지가 무서운 표정을 짓는다. 나도 따라 몸을 움찔거렸다. 상가의 모퉁이를 돌며 민지의 곁에 찰싹 달라붙었다. 오늘

만큼은 착한 발바리가 되고 싶어서다. 신발가게 앞에 민지가 섰다. 안을 들여다보며 고개를 갸웃거리더니 손 뼘으로 자기 발을 잰다.

"꽁지야, 따라오지 말고 여기에 있어. 알았지?"

"그래그래. 난 착한 발바리잖아."

민지가 가게로 들어서다 말고 힐긋, 돌아본다.

"착해? 그래서 지나가는 여자 개에게 자꾸 눈 흘김을 주었니? 쯧쯧."

언제 보았지? 괜히 얼굴이 빨개지어 길가로 돌리던 눈길을 끌어당겼다. 은행나무 가로수 곁에 검은색 승용차가 서 있다. 차 안에 사람이 있는지 들썩거림이 느껴진다.

"꽁지야, 가자. 됐다."

모처럼 나선 나들이라 연신 두리번거리는데, 왜 그리 빨리 나온담? 민지가 내 목을 쓰다듬고서 앞서서 간다.

"음, 음, 그래 민지야 같이 가."

승용차가 신경이 쓰여 한 번 더 흘끔거리곤 민지를 쫓아갔다. 민지는 신이 났다. 무얼 샀는지 가방을 손에 쥐고 흔들며 뛰어간다.

"민지야."

민지를 따라 길모퉁이로 달려갔다. 그때다. 나무 밑에 서 있던 검은색 승용차가 소리 없이 다가오더니 민지 옆에 섰다. 문이 열리며 뚱뚱한 아저씨가 몸을 반쯤 내밀더니 확, 하고 낚아채듯 민지를 끌어들인다.

"으아. 꽁지야. 나 좀 살려줘."

큰일 났다. 납치범인가 보다. 나는 반사적으로 폴짝 뛰며 뚱뚱한 아저씨에게 달려들었다.

"왈왈."

"이게 뭐야? 발바리 아냐? 재수 없게. 에잇."

뚱뚱한 아저씨가 몸을 숙이며 발을 크게 내지른다.

"깨갱."

옆구리를 맞았다. 눈앞에 별이 무수히 뜨더니 온 누리가 캄캄해 온다. 허리도 끊어질 듯 아프다. 더는 깽 소리도 안 나온다. 나는 그대로 길 위에 뻗어버렸다. 얼마나 지났을까? 정신이 차려졌다. 은행나무 밑이다. 누군가에 의해 길가로 던져졌나 보다. 눈을 떠도 여전히 캄캄하다. 아! 밤이라서 그렇구나. 하늘에 진짜 별이 보인다.

"민지야. 민지야."

일어나 휘적거리며 돌아보지만 민지는 없다. 숨이 콱 막히도록 배가 아프다. 그렇지만 할 수 없다. 일단 집으로 가는 수밖에, 어쩌면 민지가 먼저 집에 와 있을지도 모른다.

"뭔 일이지?"

불이 훤히 켜져 있고 사람들이 웅성거린다. 방안에서 엄마의 우는 소리가 들려온다.

"아니? 민지 어머니. 저건 민지 가방이 아닌가요?"

비틀거리며 들어서는 나를 물끄러미 바라보다 입에 물고 있는 가방을 빼앗듯이 가져가는, 저 사람은, 어라? 경찰 아저씨네?

"맞아요. 민지 것이네. 꽁지 네가 왜 민지 가방을 물고 있어? 민지야. 민지야."

엄마는 민지의 가방을 끌어안으며 더 흐느낀다.

"범인이 이 근처에 있음이 분명합니다."

경찰 아저씨가 힘주어 말한다.

"저 발바리. 이름이 꽁지라 했나요? 근데 왜 저 모양이죠? 줄도 풀려있는데, 혹시?"

"정 기자. 별것 다 신경 쓰네? 저것 봐. 바싹 말라 비실대는 모양이 금방 돌아가시겠는걸!"

정 기자라 불린 누나의 등을 경찰 아저씨가 툭, 치며 내게 얼굴을 찡그린다.

"민지 어머니. 좀 보세요. 가방 안에 어른 신발이 들어있어요. 새 신이에요."

기자 누나가 가방 한옆으로 삐죽 튀어나온 신코를 가리킨다.

"신발이라뇨?"

가방을 안고 있던 엄마가 깜짝 놀라며 신발을 부둥켜 잡는다.

"민지가 글쎄 어제 신발 크기를 묻더니, 내 신발이 많이 해어졌거든요?"

"학원까지 빼 먹으며 어머니 신발을 사야 할 이유가 있었나요?"

"집히는 게 있어요. 며칠 전부터 용돈을 더 주라고 자꾸 조르더니, 실은요, 내일이 내 생일이에요. 민지는 엄마에게 신발을 선물하려 했는가 봐요. 민지야. 어디 있니? 흑흑."

"왈왈."

나는 엄마를 향해 마구 짖었다. 그러곤 대문 밖으로 뒷걸음을 쳤다. 기자 누나만 내 수상한 모습을 열심히 바라본다.

"꽁지가 무얼 알고 있지 싶은데. 저것 봐요. 우리더러 따라오라는 신호를 보내네요."

그제야 내 뜻을 헤아렸나 보다. 경찰 아저씨들과 기자 누나가 나를 따라온다. 새 힘이 솟는다. 거기 가면 틀림없이 민지의 흔적이 있을 것이다. 골목을 지나 큰길로 나와서 민지가 신발을 산 가게 앞에 섰다. 경찰 아저씨와 기자 누나가 가게 안으로 들어가더니 주인아주머니와 같이 나온다.

"민지가 엄마의 신발을 여기서 산 것이 맞습니다. 주인아주머니 말에 따르면 비명과 차 소리가 함께 들렸답니다. 민지가 부잣집 아이인 줄 범인은 알았을 겁니다. 민지 엄마는 민지의 기를 살린다며 명품 옷들만 사 입혔다지요? 그게 화근이 되었네요."

기자 누나가 경찰 아저씨보다 낫다. 모두 고개를 끄덕인다.

"민지가 납치당한 것이 확실합니다. 일단은 주위를 뒤지고 나머진 집으로 다시 가서 걸려올 범인의 전화를 기다립시다."

경찰 아저씨의 말에 사람들은 또 우르르 흩어진다. 내가 있음을 까마득히 잊었나 보다. 나만 홀로 남았다. 그나저나 민지는 어디 있을까?

"민지야."

여느 때 같으면 '여기 있지롱.' 하며 튀어나올 민지가 대답도 없다. 끙끙거리며 민지를 태운 차가 갔음 직한 큰길로 내려섰다.

"킁킁. 가만. 민지 냄새가 난다."

코를 바싹 치켜들었다. 아련하게 민지의 냄새가 바람에 실려 온다. 저기 공원을 건너 나무들이 우거진 숲 쪽이다. 달려갔다. 쑤시고 아픈 몸이지만 이쯤은 괜찮다. 민지를 찾는다면. 숲 둘레로 작은 찻길이 있다. 두어 마당을 돌아가니 반쯤 허물어진 빈집이 보인다. 저기다. 저 마당에 세워진 승용차에서 민지의 냄새가 난다.

"앗. 꽁지야."

차의 트렁크가 열려있다. 손발이 묶이고 입이 막힌 민지가 그 안에 쓰러져 있다. 뛰어들었다. 그리곤 민지의 손을 묶은 끈을 이빨로 물어뜯었다. 그때다. 수상한 소동에 집 뒤쪽에 앉아 있던 나쁜 아저씨 두 명이 달려왔다.

"아까 그 발바리 아니야? 안 죽고 살아있었네. 에잇."

고개를 돌리는 내게 야구방망이를 휘두른다.

"깨갱."

머리가 터지는 느낌이 오며 또 정신을 잃었다.

"꽁지야, 죽지 마."

민지의 애타는 소리만 밋밋이 들려온다. 그러고 또 얼마나 지났을까? 간신히 정신이 차려졌다. 캄캄하다. 쇠 냄새가 난다. 차 트렁크 안인가 보다. 민지는 없다. 우선은 여길 빠져나가야 한다. 그러려면 트렁크 문을 열어야지. 죽기를 각오했다. 머리로 문짝을 자꾸만 들이받았다. 열린다. 내 뜻이 하늘에 통하였나 보다. 그러나 트렁크에서 나와 몇 발짝 못 가고 나는 나동그라졌다. 머리에서 피가 철철 흐른다. 숨도 가르랑거리고 온몸에 힘이 다 빠졌다. 그래도 가야 한다. 넘어지면 일어나 다시 걷고, 또 넘어지고, 새벽이 되어서야 집에 도착하였다. 대문은 아까처럼 활짝 열려있다. 기자누나 혼자 마당을 서성거리다가 나를 보고 깜짝 놀란다.

"아니, 너 꽁지 아니냐? 어디 갔다가, 뭐야? 웬 피."

꼬꾸라지는 나를 부둥켜안으며 기자 누나가 소리친다.

"반장님. 이리 좀 와 보세요."

"뭔 소식이라도 있나요?"

방안에 있던 경찰 아저씨가 나온다.

"이거요. 꽁지. 이 개가 물고 왔는데, 민지 신발인가 봐요. 신발 안에 이게 들었어요. 휴대폰 요금고지서에요."

"이걸 어디서 가져왔지? 범인일 수 있으니 일단 조회해서 폰 위치 확인하고 특공대를 출동시켜."

썰물처럼 또 우르르 빠져나간다. 언제나 나를 알아주려 하지 않는다. 열쇠는 내가 가지고 있는데도. 먼동이 터오는지 샛별이 커 보인다. 오늘따라 많이 밝다. 문득, 별이 되고 싶은 생각이 든다. 그 때문인지 몸이 자꾸만 가벼워진다.

"꽁지야, 이것 봐. 아직도 피를 흘리네. 다쳤구나. 이런?"

기자 누나가 자신의 차에 나를 싣는다. 민지처럼 마음이 참 따뜻한 누나다.

"많이 아프지? 조금만 참아. 내가 동물병원에 데려다 줄게."

옆자리에 나를 눕혔다. 그런데 차가 가면서 흔들거려도 이상하게 아프지 않다. 왜 그럴까? 갑자기 기자 누나의 폰이 크게 울린다.

"정 기자, 정 기자. 지금 어디 있어?"

쩌렁쩌렁한 목소리가 스마트폰을 박차고 튀어나온다.

"선배님, 꽁지 데리고 병원 가는 길입니다. 얘가 많이 다쳤어요."

"꽁지? 그 말라빠진 발바리 말이야? 뭐 하러 그런 개한테 신경을 써? 그건 그렇고, 정기자. 민지를 찾았어. 납치범도 잡고. 내가 지금 민지 옆에 있어."

민지를 찾았단다. 할딱거리던 가슴이 조용해진다. 엄마 품속으로 쑤욱 빨려드는 것 같다. 민지를 찾아 마음이 놓여서일까?

"찾았어요? 휴, 다행이다."

"그런데 말이야. 민지가 말을 했어. 말을 하고 있다고."

"말을 해요? 민지는 청각장애인 아닌가요?"

"그렇지. 더 어릴 때에 교통사고로 아빠가 돌아가시며 실어증인가 하는 병을 얻어 이제껏 말을 못했다지? 이번 사고가 또 다른 득이 되었나 봐."

"득이라뇨? 기적을 말씀하시는 건가요?"

"그런 면도 있지만, 매우 놀라면서 뭐 구부러진 교감신경이 펴졌다거나, 지금은 더는 알 수 없고 하여튼 잘 됐어."

민지의 말문이 열렸단다. 포근한 봄 햇살처럼 내 마음이 다 따뜻해 온다. 이제 민지를 만나면 진처럼 눈을 보며 말하지 않아도 되겠다.

"이것 봐, 들리지? 민지 목소리 말이야. 이런? 그 말라깽이 발바리를 찾고 있네?"

"꽁지야."

바람이 많이 불던 한 해 전의 어느 날, 처음의 주인은 아픈 나를 큰

나무 밑에 쓰레기처럼 던져놓고 가버렸다.

"많이 외롭지? 내가 보살펴 줄게."

민지는 이렇게 눈빛으로 말하며 내게로 왔다.

"외로운 건 혼자 있기 때문이야. 너도 나처럼 외로워서 아픈 거야."

비썩 마르고 눈곱이 가득 낀, 흉물스럽게 생긴 나를 민지는 사랑으로 감싸주었다. 언젠가는 그 사랑에 대해 보답을 해야지, 하루도 생각하지 않은 적이 없다. 그런데 왜 잠이 자꾸 오지? 민지도 만나야 하는데, 눈을 감으려 하자 민지 목소리가 들려온다. 눈빛이 아닌 진짜 목소리다.

"꽁지야, 눈감으면 안 돼. 기다려 누나가 간다."

희미한 웃음이 나온다. 민지는 무슨, 아직도 자기가 대장인 줄 아는가 보다.

"민지야, 나랑 놀자."

민지는 처음부터 그냥 놀아주지 않았다. 꼭 토를 달았다.

"너, 한번을 불러도 누나라 하라 했지?"

"내가 오빠지 어째서 네가 누나야?"

"잘 들어. 난 아홉 살이야. 하지만 넌 두 살이잖아? 한참 아래 동생이 까불긴."

"참 내. 개가 웃는다. 우리 나이 두 살은 사람나이로 열 살이란 것 너도 잘 알잖아."

"이 개? 진짜?"

"그래. 나는 진짜 개다. 어쩔래?"

민지도 어디서 웃나 보다. 귀가 살살 간지럽다. 아니 겨드랑이도 간지러운 것 같다. 날개라도 나오려나? 가만, 날개라면?

"저 닭 이름이 무언지 아니?"

"날 닭이야 날 닭. 헤헤."

아랫마을에 엄마 심부름을 갔을 때다. 내게 쫓기어 담장을 넘어가는 닭을 보며 민지는 좋아라고 웃어 재꼈다.

“나도 날 수 있을까? 날개는 없지만…….”

“그럼, 하지만 말이야. 그러려면 꽁지 네가 먼저 천사가 되어야 할걸?”

“천사? 에이, 그런 건 내게 안 어울려. 천사라니 원.”

내가 정말 천사라도 되려는 걸까? 눈이 감기며 몸이 자꾸만 둥둥 하늘로 떠오른다. 기자 누나가 곁에서 나를 부르는 소리도 먼 꿈속에서처럼 아련하게 들려온다.

“꽁지야, 정신 차려. 선배, 큰일 났어요. 꽁지가 숨을 안 쉬어요. 숨을 안 쉰단 말이에요.”

단편소설

▶▶▶ 단편소설

║서혜원║ 가시덤불 사랑

가시덤불 사랑

(1)

"남자가 누룽지 맛 알면 장가가기 힘드네."

"어떤 여자가 나 같은 놈한테 온다고 하겠어요."

"더 나이 들기 전에 해야 하네."

"……"

남자는 마을회관 어르신들의 이런 충고는 그만 듣고 싶었다. 처음에는 따뜻한 이웃애로 감사하게 받아들였었는데, 자주 듣다 보니 점점 짜증이 나기 시작했다.

남자가 살고 있는 마을은 도심 속에서도 아직 해체되지 않은 서울 근교 시골 마을이었다. 고개 하나만 넘어가면 서울이지만 이곳은 이 지역에서 낳고 자란 본토박이 주민과, 결혼을 해 들어온 다른 지역 여자들이 다시 아이를 낳고 그 아이가 성장해 결혼을 해서 또 아이를 낳으며 (농경지보다 산이 더 많은 이곳 주민들의 과거 생계 수단 중 하나는 나무를 해 시장에 파는 일이었다.) 산골 마을인구는 증가했다. 그래서 그들은 서로에 대해서 알아도 너무 잘 알고 있었다. 이 마을이

· 1951년생
· 수필문학 등단
· 한국수필가협회, 문학사랑 문인협회, 한밭소설가협회 회원
군포문인협회 회원, 한국문인협회 회원
· 문학사랑 제10회 인터넷문학상 수상
· 대한사이버문학회 회장
· cryingbird50@hanmail.net

신도시로 개발되며 들어온 아파트 입주자들은 타 지역 사람들로 이곳 사람들을 원주민이라고 불렀다.

대대로 나무 짐과 농사로 가난하게 살던 마을에 도시개발이 이루어지며 졸지에 졸부들이 쏟아져 나왔다. 남자는 그곳에서 낳고 성장했다. 돈만 아는 억척같은 남자의 어머니는 이 지긋지긋한 가난에서 벗어나 보라고, 그 지독한 환경 속에서도 아들을 서울로 유학시켜 고등학교까지 졸업하게 했다. 남자는 고등학교를 졸업 하자마자 군에 지원을 했다. 남자는 제대 후 마을로 돌아온 이후 그 마을을 떠나 본 적이 없었다. 취직해 도시로 나가길 간절히 원했던 어머니의 소원은 물거품이 되었다. 아무튼 초등학교 졸업자도 손꼽을 만큼 적은 마을에서 남자의 고등학교 졸업 학력은 주민들의 존경을 받을 만큼 유식한 부류에 속했다. 이웃들의 대소사문제에 의논의 대상이었고, 해결사 역할을 하며 이 마을의 정신적인 지주로 자리를 잡았다. 이 마을이 신도시개발 계획지로 발표가 되자 딱히 내세울만한 인물이 없었던 이곳에서는 남자가 마을 이장을 도와 대표로 나섰다. 마을 주민들이 살던 자리를 측량해 대토를 받거나 현금보상을 받는 것에 증인으로 간여했다.

동네 어르신들의 재혼 성화가 시작되면서 죽은 아내의 이웃 아주머니들은 결혼할 여자들을 수소문하기 시작했다. 남자는 썩 내키지 않았지만 이웃들의 성화에 못이기는 척 한두 번 맞선자리에 나갔다. 남자가 여자를 만날 수 있는 건 동네 친구들과 어울려 가는 술집과 밥집뿐이었다. 결혼할 상대들은 아니었다.

솔직히 남자는 주위에서 생각하는 것처럼 부자가 아니었다. 부모는 땅 보상금 전액을 팔남매에게 고루 분배했다. 남자는 딸에게까지 균등하게 배분한 부모를, 특히 어머니에 대한 미움이 컸다. 남자 역시 부모가 받은 보상액 중에서 일부를 유산으로 받았지만 재투자할 투자의 지식도, 배짱도, 수완도 없었다. 남자의 재산은 집값 땅값이 상승되어 증가한 것 외에는 없었다. 자신의 능력으로 벌어들인 재산은 한 푼도 없는 터라 그저 살고 있는 집 하나에 부모한테 받은 상가 하나를 처분해 가지고 있는 약간의 현금이 전부였다. 서로의 살림을 속속들이 잘 아는 이웃들이 모를 턱이 없는데도, 가진 게 많다고 주장하는 건 내세울 것 없는 남자의 경력을 돈으로 포장하기 위해서였다. 그리하여 죽은 아내의 이웃들은 남자를 맞선 시장에서 돈 많은 재력가로 내세우기 시작했다. 또 남자는 선 본 여자와 결혼을 꼭 할 것도 아닌데 굳이 없다고 떠들어댈 것까지는 없을 것 같아 그런 척, 그대로 침묵했다. 여자에게 재혼을 결심하게 하려면 남자의 안정된 경제를 주지 시켜 주는 일이 가장 중요하다는 걸 모르는 바 아니었다.

죽은 아내의 이웃들은 남자가 선보는 일에 관심을 갖자 온갖 수단과 방법을 동원해 여자를 찾았다. 그리하여 남자는 술집과 음식점이 아닌 여염집 여자들과 만나기 시작했다. 결혼 전에도 해보지 못한 호사였다. 조금도 잘난 것 없는 이 남자는 맞선 자리에서 돈 많은 남자로 여자들의 신뢰를 받으며 조금씩 자신감을 갖기 시작했다. 육십 넘은 홀아비에게 맞선 상대는 과부, 이혼녀, 혼기를 훨씬 놓친 나이 든 처녀였다. 선이야 백 번 천 번 본들 어떨까. 본다고 반드시 결혼을 해야 한다는 법은 없었다. 마음에 들지 않는다고 거절하면 되었다. 그러니까 남자는 결혼에 자신이 없으면서도 선을 보러 나온 목적만큼은 분명하게 했다. 여자에게 처음부터 결혼을 전제로 한 만남처럼 하는 것이다. 그리고 남자는 서서히 새로운 여자와의 만남을 즐기기 시작했다. 결혼을 전제로 한 여자들, 과부라서 외롭고, 이혼녀라서 외롭고, 나이 든 처녀라서 외로운 여자들과 대화를 나누다가 취기가 오르면 하룻밤 함께 지내보기도 하고, 다음에는 이런 저런 이유를 들어 여자와 헤어졌다. 남자와 하룻밤 함께 한 것을 미끼로 책임지라고 떼 쓸

나이는 지난 사람들이었다. 자신의 행동에 책임을 질 나이의 여자들이기에 처녀까지도 남자와의 잠자리를 물고 늘어지지 않았다. 남자는 아내와 사별 후 늘 섹스에 굶주려왔었다. 재혼을 채근하는 동네 이웃들이 염려하는 부분도 바로 그것 때문인 것 같았다. 처음부터 그럴 생각은 아니었는데 몇 번 맞선을 보기 시작하면서 자기도 모르게 카사노바처럼 되어가고 있었다. 술을 좋아하는 남자는 술집의 여자들과 많은 접촉이 있었고 당연히 그곳에서 저 혼자 짝사랑하다 만 사연도 많았었다. 그 숨은 끼를 맞선이란 공식적인 만남을 통해 마구 부리고 있는 중이었다. 아무튼 맞선 후 진짜 싫어서 거절하기도 하고, 외로운 여자와 의기투합해 한 번 정을 나누고 나면 그 다음부터는 모텔을 찾아들어가는 게 조금도 부자연스럽지가 않았다. 자기 마음에 들고 속궁합이 좋으면 서너 번 더 만나다가는 딸의 결혼을 핑계로 거절을 했다.

남자는 여자들의 가난이 싫었다. 아무 것도 없이 결혼으로 팔자를 고쳐보겠다는 여자들의 의존심이 진저리나게 싫었다. 남자는 평생 직업 없이 살아왔었다. 생활이야 상가 세 받아서 해오면 되었지만 늘 꼬치에 꿰어있는 말린 곶감 빼먹는 것처럼 달랑거리고 안타까웠다. 여자라도 자기 밥벌이를 할 수 있기를 바랐다. 그러면 공평하게 살 수 있을 것 같았다. 남자는 집과 끼니를 제공하고 여자는 남자에게 손 벌리지 않고 자신의 용돈을 해결하는 것이었다. 그러니까 남자는 잠자리와 밥만을 제공하겠다는 것이었다. 그런데 선보는 여자 마다 놀고 있었다. 거기다가 패션모델처럼 꾸미고 나오는 건 뭐란 말인가. 남자 등골 빼먹을 여자들만 수두룩했다. 세련된 여자를 싫어할 남자는 없겠지만 결혼할 상대는 아니었다. 남자는 그런 여자는 딸의 결혼을 핑계 삼아 거절을 했다. 딸이 있어도 좋다고 막무가내로 달려드는 여자는 결국 남자의 성욕만 채워주고 퇴짜를 맞는 꼴이 되었다.

남자는 경제적인 활동은 하지 않았지만 손익계산은 분명했다. 맞선으로 돈은 쓰고 다니지만 그래서 아까울 때도 많았지만 당분간 참아보기로 하였다. 어차피 혼자 놀아도 술값은 나갔다. 맞선이란 진지한 상대를 만나 먹고 마시는 것쯤이야 감당해보기로 하였다. 돈 주고 하룻밤 사는 여자의 화대쯤으로 계산했다.

어쨌든 남자는 동네 아줌마들 덕분에 여자 복이 터졌다. 홀아비가 아니고선 만나 볼 수 없는 여자들이었다. 결혼을 전제로 하는 만남이 주는 신뢰와 매력에 빠져 무방비 상태에 놓인 여자들, 남자는 돈 많은 남자라면 맹목적으로 다가오는 가난하고 외로운 여자들의 심리를 이용했다. 2년 동안 남자의 의도된 대로 농락당한 여자들의 숫자가 꽤 되었다. 그렇다고 당한 여자들은 중매한 사람한테 하소연할 이야기도 못 되었다. 스스로 함정에 빠진 어리석음은 비난과 질타만이 따를 것이기 때문이었다. 남자는 이 짓도 점점 피곤하고 싫증이 났다. 이젠 진짜 결혼을 해볼까 싶었다. 남자의 참 모습을 모르는 이웃 여인들은 남자가 혼자 있는 꼴은 정말 못 보겠다고 계속 몰아붙였다. 이웃 여인들은 죽은 아내의 친구들이었다. 남의 일에 발 벗고 나서길 좋아하는 오지랖이 넓은 사람들이었다.

⑵

맞선을 준비하던 동네 이웃들은 이 남자가 생각보다 눈이 꽤 높은 것 같다는 생각이 들었다. 남자의 죽은 아내를 잘 아는 여자들은 이해가 가지 않았다. 아무리 여자 보는 눈높이가 달라졌다고는 하지만 이렇게 달라질 수가 있을까 싶었다. 남자에게는 과분할 것 같은 여자도 거절하는 것이 아무래도 결혼 할 의사가 없는 것 같다는 생각이 슬그머니 들었다.

“마리 아빠! 왜 그러세요? 제가 볼 때는 괜찮은 여자인데 왜 싫다고 하세요?"

"그 분은 저 좋다고 하시던가요?"

"이상한 분이라고 하던데요. 속을 알 수가 없다고, 결혼을 하자는 건지 말자는 건지 아리송하다고 해요. 왜 그랬어요? 맞선자리 마련하는 중매장이 수고도 생각해 주셔야죠?"

"그러니까 앞으론 하지 마세요. 전 결혼 안 해요."

남자는 자신을 험담하는 말로 알아듣고 이내 팩, 하고 소가지를 부렸다.

어이구~그래 네가 그런 식으로 죽은 아내 속을 뒤집어서, 화병으로 간 거라는 거 동네사람들은 다 알고 있지. 라고 중매장이는 속으로 남자의 행동을 비난했다. 그래도 간 여자와의 우정을 생각하면 외롭게 살아가는 모습을 지켜보고 있을 수만은 없었다.

"왜 그래요? 그동안 본 여자들 어디가 맘에 안 드는 거에요?"

"제가 아니고 그분들일 겁니다. 그 분들이 저를 뭘 보고 결혼하고 싶어 하겠어요?"

"그럼 여자가 하겠다고 하면 되는 거에요?"

"없어요. 없어~없다니까요."

이 마을에 시집 와, 삼십여 년을 혈육처럼 온갖 고난과 고통을 함께 나누며 지내온 친구를 먼저 떠나보낸, 이곳 친목계원들은 회합이 있는 날이면 남자의 재혼을 중요 안건으로 다뤘다.

"안 돼~그 남자는 중매 서주면 안돼요. 엄한 여자 팔자 망쳐놓으려 하지 밀고 그만 둡시다. 죽은 지 여편네 하나 한 뱃히게 살다가게 했으면 그거로 족하잖우."

"개과천선이라는 것이란 게 있잖우. 마누라 잃고 달라지는 거…"

"그럴 것 같지 않은데…"

"그래도 저대로 둘 수는 없잖우. 죽은 친구를 생각해서라도 한번은 보내봐야 하는 것 아니우. 그 속알챙이 없는 여편네 지 남편 외롭다고 울고 있을 거구만. 그 착한 것이…"

"에이~그건 아니다. 여자를 어떻게 망쳐놓을지 모르는 위인인데…"

"그러지 말고 한번 시켜 보자구요. 남자는 혼자 못살아. 술집 다니며 사귄 여자는 어떻게 됐수?"

"그 여자 지 남편하고 합쳤다고 하지 아마도."

"그럼 그 여자 데려오긴 글렀군"

"어이구~그 여자가 약 먹었어? 저런 남자하고 살게? 술 좋아해서 자주 오니까 단골손님으로 잠시 정 붙였던 것뿐이지."

남자의 죽은 아내 친구들은 남자가 재혼에 성공할 때까지 맞선 볼 여자를 알아보자고 하였다. 그것이 남자에게 좋은 일인지 어쩐지는 확실히 모르겠으나 남자가 고비 나게 늙기 전에 결혼을 시켜야 혼자 늙어가는 모습을 보지 않게 될 거라는 생각에는 회원 모두가 일치를 했다. 오랜 세월 가족처럼, 미운 정 고운 정 다 든 사이라 아무리 험담을 해 보아도 남자가 가여운 건 사실이었다. 물론 남자의 장단점은 죽은 아내를 통해 들어 샅샅이 잘 알고 있었다. 단점이 더 많은 것으로 보아 남자는 결혼에 적합한 성격은 아니었다. 그럴수록 이웃들이 도와주지 않으면 저대로 늙어버릴지도 모를 일이었다. 젊어서야 반반한 인물로 술집과 밥집에서 무수히 많은 여자들과 정을 나누기도 하였겠지만, 그로 인해 죽은 아내의 가슴이 타들어갔었지만 그건 다 흘러간 지난 이야기일 뿐이었다. 결혼의 인연은 못 되었다.

(3)

"난 좋은 남편이 못되었어요."

"……"

여자는 놀이동산에서 들려오는 아이들의 비명 소리에 신경을 쓰느라 남자의 말을 건성 듣고 있는 듯 했다.

남자는 그런 여자를 힐끗 돌아보고 하던 말을 계속했다.

"술을 좋아해서… 그렇다고 실수는 안 하는 편에요."

여자의 입가에 비웃는 듯한 차가운 미소가 잠시 스쳤다. 안 듣고 있는 줄 알았는데 아니었나 보다.

"돌아가셨잖아요."

"……"

"전 헤어졌어요. 헤어진 부부에게는 책임을 물을 수 있겠지만, 배우자를 잃은 분들에게는 잘잘못을 물을 수 없잖아요. 자책 안하셔도 됩니다."

"하지만 앞으로 주위 사람들에게 들어 알게 되시겠지만, 전 남편감으론 젬병입니다."

"우리 만난 지 두 시간 되었는데요."

"아~만약 좋은 인연으로 맺게 된다면요."

"자신감이 넘치시네요."

"아닙니다. 아니에요."

"술을 좋아하시는 분들의 습관을 잘 알아요. 술이 좋아 마시고 친구와 함께 있고 싶어 마시고, 조금 더 발전하면 자기를 잘 이해해줄 사랑스런 여자를 동반하거나, 바라보는 것만으로도 즐거울, 짝사랑하는 여자라도 곁에 앉혀놓아야 하고, 조금 더 나아가면 사랑하는 여자와 함께 오래 있고 싶어 마시고."

"잘 아시네요."

"순진하지 않아요."

"그쪽 이야기 좀 들려주실래요?"

"궁금하신 거 물어보세요. 뭐든지…?

“왜 헤어졌는지 물어 봐도 돼요?”

“가장 어려운 질문이네요. 설명하려면 긴데 오늘 시간 되세요?”

“그럼요. 충분히, 얼마든지요.”

“답하기 가장 어렵고도 싫은 질문이지만 결혼을 전제로 한 만남이니까 그냥 지나치면 예의가 아닌 것 같다는 생각이 드네요.”

“그렇게 어려우시면 안 해도 됩니다.”

남자는 당황했다.

“열등감이죠. 당시는 몰랐었는데 헤어진 후에 제가 그것 땜에 헤어질 결심을 했다는 걸 알았지요. 어? 설명이 길 줄 알았는데 아주 간단하네요. 훗~”

남자의 얼굴에 그늘이 스쳤다.

“왜 그러시죠? 그쪽도 그런 분이신가요?”

“그런 것 같네요. 무시한다는 말을 자주 했어요. 죽은 아내가… 한 번 실패했는데 두 번은 안 그래야죠.”

남자는 여자와 결혼을 하고 싶은 사람처럼 밑자락을 깔았다.

“좋은 남편은 아니었던가 봅니다.”

“아닙니다. 그래도 경제적으로는 어렵지 않게 해주었습니다.”

“근데 왜 조금 전 좋은 남편이 아니라고 말씀하셨어요?”

“그건~?”

여자는 미소를 지었다.

“좋은 남편 좋은 아내는 주관적인 평간데 굳이 아니라고 하신 것은 저 보고 미리 포기하란 말처럼 들리는데요.”

“아~아니… 첫말을 뭐라고 해야 할지 몰라 저도 모르게…”

“참고하겠습니다. 그런데 이혼한 사람은 두 번도 할 수 있다고들 해요. 그 점에 대해선 어떻게 생각하시는지요.”

“아내를 잃고 반성 많이 했습니다. 결혼생활을 어떻게 해야 하는지요. 그 쪽도 저와 같은 생각을 하시고 오늘 이 자리에 나온 게 아닐까요."

"아이들은 혼전이라고 들었는데요."

"그러니까 그게… 큰애가 좀, 아니 아주 많이 별나서 결혼시키고 나야 저도…"

"따님이 결혼해야 본인이 결혼을 생각할 수 있다는 거네요. 결혼할 남자친구는 있나 봐요."

"날짜 잡자는데 딸이 깍쟁이라 미루고 있네요. 아빠 두고 갈 수 없다고. 하지만 곧 하게 될겁니다. 그럼 그쪽은 아이들을 어떻게 하실 건가요?"

"아빠 생각을 많이 하는 착한 따님이네요. 제 애는 결혼을 했습니다."

"그럼 결혼 하셔도 되겠네요."

"그런데 여기 왜 나오셨나요? 당장 결혼할 마음도 없으시면서요?"

"서로를 알아볼 시간이 필요하지 않을까요?"

"잘 맞을 것 같으면요? 서둘러 따님을 보내야겠네요."

"그게… 나 결혼하려고 딸보고 빨리 가라고 하기도 그렇지요?"

둘은 맞선 자리를 벗어나 딱히 갈 곳을 정하지 못한 채 가까운 놀이동산을 걸으며 서로의 감정을 확인하기 전 현실적인 문제부터 타진하고 있었다. 그러나 이러한 핵심을 끄집어내는데 상당한 시간이 흐른 후였다. 당장이라도 결혼할 사람처럼 말한 중매장이의 말과는 다르게 남자는 결혼에 대한 구체적인 계획이 없었다. 딸의 결혼을 내세워 자신이 결혼할 수 없음에 여자의 동의를 얻으려는 것 같았다. 여자는 아무도 강요하지 않았을 맞선 자리에 나온 남자의 저의가 의심스러웠다. 하긴 여자도 꼭 해야겠다는 마음으로 이 자리에 온 것은 아니었다. 여자는 남자의 마음을 읽고 자신도 왜 여기 나왔는지 잘 모르겠다고 해 결혼할 준비가 덜 되었음을 알렸다. 그 다음에 이어질 남자의 진도가 궁금했다.

(4)

여자는 청소용역회사에서 회계를 보고 있었다. 지하 사무실에서 일을 하다가 청소원이 결근하면 대신 현장에 나가 걸레질을 하곤 하는데, 마트 매장을 돌아다니며 걸레질을 하며 움직이는 게 차라리 나았다. 십여 년 넘게 청소용역 아줌마들과 가족처럼 지내다 보니 말 안 해도 척하면 입맛일 정도로 서로서로에게 익숙했다. 추측과 상상을 곁들여 모르는 게 없을 정도로 서로에 대해 잘 알게 되었다. 여자는 아줌마들과 잘 지냈다. 잘 지내야 일하기가 수월했다. 그렇게 세월이 흐르다 보니 그들과는 한 식구처럼 되어버렸다. 누가 잘나고 못나고 할 것도 없었다. 아무리 미화시키려 해도 쓰레기 치우는 일을 고귀하다고 하지는 않을 것이었다. 자신의 일에 자긍심을 갖고 있지 않은, 열등감으로 똘똘 뭉쳐져 있는 이들은 사람들의 시선이나 말투에 민감했다. 비위에 거슬리면 일자리를 잘릴 각오로 맞붙는 거친 부분들이 있긴 하지만, 대체로 사리 판단, 분별력은 분명했다.

입이 걸쭉한 용씨 아줌마는 혼자 사는 여자를 볼 때마다 그랬다. 꼭 헤어진 놈 같은 남자만 있간디? 좋은 사람도 있제이… 메뚜기도 한철이라고 더 늙기 전에 좋은 사람 만나 팔자 고치라고 하였다. 그럴 때마다 여자는 내 남편은 당신네들 화제에 오를 사람이 아니라우. 마음속으로만 할 뿐 그들의 상상을 깨뜨려주고 싶지는 않았다.

추씨 아줌마는 재혼을 반대했다. 재혼은 가시덤불 사랑이야. 초혼은 내가 만든 거지만 재혼은 남이 만들어 놓은 곳으로 들어가는 건데, 그 속에 뭐가 들어있는지 알 수가 없잖우. 여태까지 잘 살아와 갖고는 막판에 남자 뒤치다꺼리 하러 들어가남? 편안하게 혼자 살아. 외로우면 애인이나 만들어. 결혼은 하지 말어. 어떤 사람을 만날 줄 알고 재혼을 해? 하지만 용씨 아줌마는 여자에 대해 잔뜩 눈독을 들이고 있었다. 꼭 결혼을 하라는 것도 아니고 만나만 보라니까. 언니가 사는 동네의 남사라니까. 그 동네에서는 존경받는 사람이라네. 많이 배우고 똑똑하대 정말로. 한번만 봐 봐. 남자 친구로 지낼 수도 있잖아. 같은 말 여러 번 듣다 보면 자기도 모르게 세뇌 당하게 마련이었다.

생활의 변화를 일으키기에는 오십이 넘은 여자에게는 벅찼다. 덥고 추운 지하생활은 여자를 더욱 외롭게 하였다. 지겨워진 이 생활도 그렇지만 결혼이란 환상을 버리지 못한 듯 하였다. 이제는 자신이 선택하는 것이 아닌 자신을 좋아하는 너무 잘나지 않은 남자와의 만남이라면 잘 살 수 있을 것 같았다. 여자만큼만, 아니 조금 더 모자라도 괜찮을 것 같았다. 용씨 아줌마는 여자를 자기들과는 다른 세계의 높은 지성인쯤으로 취급했다. 열심히 남자의 경력을 이야기해 보지만 여자는 남자가 재력은 있는지 모르겠지만 사회생활을 잘 해낸 사람 같지 않다는 것쯤은 추측할 수 있었다. 그래서 차라리 한번 봐 볼까 싶은 생각이 들기도 하였다. 그래, 이 생활을 청산하게 해줄 사람이라면, 까짓것 모험 한 번 더 해봐? 아니, 평범한 사람과 평범하게, 오순도순 살아보고 싶다는 희망이 꿈틀했다. 남자에 대한 향수도 함께 여자를 자극했다.

여자에게는 딸이 있다. 남편은 한국에 있으면 연구실에서 박혀 지내고 교환교수로 외국에 나가면 일 년 이상 떨어져 살 때가 많아서인지 딸은 이혼한 엄마와 사는 길 당연하게 받아들였다. 아이는 대학에 입학을 하고 얼마 안 있어 남자가 생겨 집을 나갔다. 남자네 집에서 여자 부모의 이혼을 들어 결혼을 반대하는 바람에 학업도 팽개치고 둘이 도망쳐 버린 것이었다. 여자에게는 가끔 연락을 해 건재함을 알렸다. 남자 부모의 허락이 날 때까지 나타나지 않겠다는 의지를 보였다. 사랑이 있는 한 목숨을 끊는 그런 몹쓸 짓은 하지 않을 거라 믿고 있었다. 그러나 그런 완고한 시댁이 사돈 될 사람의 재혼을 용납할까 싶지 않지만, 이미 그들은 며느리 될 여자의 딸을 온전한 가정의 아이라고 생각하지 않을 터이니까, 그 어떤 이유로든 자식들을 내팽개쳐 놓은 사람들의 눈치까지 볼 것까지는 없었다.

어쨌든 금방 결혼하겠다는 것도 아닌데, 라고 어정쩡한 자신의 심경을 합리화도 해보고, 또 자신이 상대방의 마음에 든다는 보장도 없을뿐더러 마찬가지로 여자 마음에 드는 남자일 거라는 보장도 없는, 그저 한번 만나보는 것일 뿐이라고 스스로 위로도 해보고, 선본다고 다 결혼하는 것도 아닐 것이라고 태연한 척해보기도 하고, 그런데 선은 왜 보러 나가려고 하는지 여자는 애매모호한 심정으로 행위의 타당성을 찾지 못한 채, 맞선 볼 결심을 해야 할지 말아야 할지 우왕좌왕하고 있었다.

여자가 이혼을 하였던 건 순전히 열등감 때문이었다. 공부가 싫었음에도 교수의 비서로 들어갈 수 있었던 것은 이모부가 교수였기 때문이었다. 비서래야 연구실을 지키며 전화도 받고 교수를 도와 연구실 내에 잡일을 맡아하는 것이었다. 그곳에서 여자는 턱도 없이 눈이 높아져버렸다. 여자는 자신에게 없는 것들을 갖춘 남자가 갖고 싶었다. 이모를 부러워하는 엄마의 영향이 컸던 것 같았다. 존경받는 교수의 아내, 그때는 그것이 최고의 목표였다. 남자는 지도교수의 조카라는 것 때문인지, 여자의 외모에만 관심이 있었는지 알 수 없었지만 여자에게 이끌렸다. 누가 봐도 어울릴 것 같지 않은 만남이었다. 남편의 지도교수인 이모부까지도 여자와의 결혼을 우려했다. 여자는 이모부에게 자신이 노력할 것을 약속했다. 그러나 결혼 후 여자는 남자의 지적 수준에 맞추려 학업을 계속하려 해보았지만 도대체 따라갈 수도 없을 뿐더러 하기도 싫었다. 왠지 공부는 여자에게 맞지 않았다. 그러면 성격이라도 좋아 남자에게 맞춰 살면 좋았으련만 그러기도 싫었다. 그러니까 여자는 남자에게 꼴불견일 수밖에 없었다. 남자는 불만을 표현하지 않는 반면 여자는 유치하게 남자를 자꾸 건드려 심기를 불편하게 했다. 자기 열등감으로 남자를 괴롭히는 악처가 되어가고 있었던 것이다. 남자의 무반응에 여자는 스스로 지쳐갔다. 뭔지 모르게 쌓여가는 불만들은 곧바로 우울증으로 연결되었다. 다행히도 여자는 살고 싶다. 라는 강한 본능 앞에서 생존을 선택하기로 했다. 여자는 결코 자신을 포기할 줄 모르는 기가 센 여자임을 뒤늦게야 알게 되었다. 하루를 살아도 생긴 대로 살다 가리라 결심하고 남편에게 위자료 없는 이혼을 요구했다. 판단력이 뛰어난, 똑똑한 남편은 여자의 진심을 이해했다. 여자의 결혼 생활은 그렇게 별 어려움 없이 시작 했듯이 또한 어렵지 않게 끝이 났다. 그리고 자신이 잘 할 수 있는 일이 없다는 것을 너무도 잘 아는 여자는 간신히 이 직장을 찾아 자리를 잡았다. 사는 게 그렇게 어려운 것인지 모른채 덥석 이혼을 한 자신이 때론 후회가 되기도 하였지만 뱃속은 한없이 편안했다.

동요하는 기색을 눈치 챈 용씨 아줌마는 시간을 늦추지 않고 몰아부치기 시작했다. 선본다고 다 결혼 하남, 만나보기라도 해, 그리고 결혼 안하더라도 가끔 만나 데이트 정도는 할 수 있는 거 아녀. 유부남 유부녀들도 애인이 수두룩하다는 데 뭐 거치적거릴 것 있다고 못 만나남. 용씨 아줌마는 남자가 사는 마을에 친언니가 살고 있었고, 친언니는 사연이 많은 사람들이 모여 있는 용역 아줌마들 중에서 얌전한 여자를 중매 서라고 동생을 닦달했다.

⑸

여자와 남자는 드림랜드를 돌아 나와 마땅히 갈 곳을 정하지 못했다. 그때 남자는 의외로 순진한 척하였다. 여자와 만나면 뭘 어떻게 해야할지 잘 모르겠다고 말하며 여자에게 결정하라고 했다. 여자는 당황하였다. 여자는 순간 불쾌했다. 여자는 남자를 이해할 수 없었다. 하긴 이해할 문제는 아니었다.

"저도 이런 상황을 미처 생각하지 못했습니다. 서로에 대해 알고 싶은 거, 묻고 싶은 건 다 한 것 같으니까 이만 여기서 헤어져요."

"그러시겠어요?"

"……"

"쉬시고 싶은 가 봐요?"

"네. 한 달에 두 번 쉬는 일요일이라 미뤄놓은 일도 많고, 가겠습니다."

"그 일은 계속할 수 있는 건가요?"

"결혼하고도 다닐 수 있는 거냐고 물으시는 건가요?"

"네"

"덥고 추운 지하생활이 힘든 거지 달리 힘든 건 없습니다."

"네에~"

"하시는 일이 없으시다고 들었는데, 벌어놓으신 게 많으신가 봐요."

"벌어놓은 건 없지만, 평생 먹고 살건 있습니다."

미팅이나 소개팅으로 만나는 젊은이들과 달리 성인 남녀가 처음 만나 할 일이란 게 참으로 애매했다. 여자를 만나러 나올 때 남자는 일정을 대충 짜 갖고 나오는 게 아닌가 싶었다. 적어도 서로를 알아가는 만남인데, 이런 식으로 이야기 하다가 헤어지는 것이 조금 미흡하다는 생각이 여자에게도 들기는 하였다. 하지만 몇 마디 나누다 보니 서로에 대해 알고 싶은 것들은 얼추 다 나눈 것 같았다. 공원을 돌고 영화를 보지 않아도, 차를 마시고 저녁을 먹지 않아도 어른들은 그동안 살아온 경험으로 상대방을 아는데 그다지 시간이 걸리지 않았다.

그러나 아무것도 준비해 오지 않은 남자의 센스에 여자는 실망했다. 남자는 여자의 반응에 미소를 지었다. 남자는 맞선 본 후의 여자들의 태도에 관심을 갖고 지켜보았었다. 대부분의 여자들은 맞선 본 남자에게 식사와 차를 대접 받는 것을 당연하게 생각하고 있었다. 남자는 여자들의 그런 행동이 염치없어 보이기도 하고 얄미웠다. 사실 남자는 그간 선본 여자들과 쓰고 다닌 돈을 떠올리면 여간 아까운 것이 아니었다. 그래서 때론 끝까지 가는 치사한 짓까지 하였다. 본전을 뽑겠다는 야비한 발상이 남자를 그렇게 만들었었다. 그간의 여자들은 이럴 때 끈끈하게 매달렸다. 그런데 이 여자는 단호하게 헤어지자고 하였다. 순간 남자는 여자에게 채인 느낌이었다. 이대로 헤어지면 끝일 것 같은 아쉬움에 조금 애가 탔다. 여태까지 느껴보지 못한 감정이었다. 남자는 자신이 왜 그러는지 모를 정도로 정신이 혼미했다.

"조금 이르기는 하지만 저녁은 어떠신지요? 아니면 차라도 함께 하시는 거 어떠세요?"

"아뇨! 이 나이에 무슨 더 할 말이 있겠어요. 이미 저에 대한 탐지는 끝나셨을 것 같고, 저 또한 그렇구요. 헤어져 돌아가 생각해 보세요. 저도 생각해 보겠습니다."

"뭘요? 만날지 말지를요? 그건 집에 가셔서 하시구요. 이대로 가시면 제가 서운합니다."

남자는 등에 식은땀이 흘렀다. 인물 값하려나 보다 싶었다.

"함께 있을수록 서로에게 안 좋은 면만 보일 수 있어요. 오늘은 이만 끝내요."

"가시면 다시는 만나 주지 않을 것 같은데요. 이 자리에서 끝내나 돌아가서 끝내나 마찬가지 아닙니까? 죽은 사람 소원도 들어 준다는데… 갑시다!"

여자는 지금까지 봐온 남자의 행동 중에서 가장 명확하게 하는 것은 갑시다! 라는 말밖에 없다고 생각했다. 남자는 앞장서서 성큼 거리며 걸어갔다. 한 가지도 확실해 보이지 않던 남자도 뭔가 급해지면 확실한 행동을 할 줄 아는 모양이라고 어이없는 미소를 지었다.

⑹

여자는 남자의 수다에서 헤어 나올 수가 없었다. 횟집에 자리를 잡은 남자는 소주를 마시기 시작하더니 자신의 성장과정에서부터 2년 동안 맞선을 보고 다닌 여자들의 이야기서부터, 죽은 아내 이야기, 재산을 일군 어머니의 이야기, 평생 어머니한테 무시당하며 살다 간 아버지 이야기, 동네 아줌마들 이야기 등 등 끝날 줄을 몰랐다. 이야기를 하는 남자의 진심은 그들을 긍정적으로 바라보는 시각보다는 부정적으로 비난하고 비판하려 하는 부분이 많았다. 그리고 군데군데 자신의 열등감과 무기력으로 인한 자책감도 곁들였다.

남자는 자신이 낳고 자란 마을이 전부였다. 바깥세상은 알지 못했다. 마을 밖으로 나갈 일도 없었고, 나가는 것을 두려워했다. 술을 마셔도 밥을 먹어도 동네 안에서 이루어졌다. 그곳에서만이 자신을 인정해 주었다. 여자는 맞술은 못하더라도 남자의 이야기를 진지하게 들어 주긴 하였다. 육십 평생을 자기가 태어난 마을에서 우물 안 개구리 마냥 살아오면서 자신이 최고인 양 할 말이 많은, 그것은 차라리 여자에게는 새로운 세계였다. 이렇듯 외계인 같은 사람도 이 시대에 존재한다는 것에 대한 호기심도 있었다. 지성도 없고 문화도 없는 이런 사람이 서울 근교에 살고 있었던 것이다. 여자는 이 사람을 어떻게 받아들여할지 한심하고 막막했다. 그리고 문득 이렇듯 긴 이야기를 싫다하지 않고 듣고 있는 자신을 돌아보았다. 참 많이 외로웠었구나. 사람이 그리웠었구나. 아니 남자가 그리웠었던 건 아니었을까. 이런 남자를 만나려 그렇듯 훌륭한 남편과 헤어졌고, 이런 남자를 만나려고 이제껏 다른 남자를 만나지 않았던 것일까. 여자는 서서히 지쳐갔다. 그리고 모든 것을 내려놓는다 생각하면 이렇게 막장까지, 한 순간에 팍 떨어져 내린다는 것을 알았다. 그런데 같이 있는 시간이 길어지면서 어쩌면 이 남자가 자신에게 어울리는 사람인지도 모른다는 생각을 하기 시작했다. 자신의 유치함이나 치사함, 그리고 야비하고 인색한 행위에 대해서 조금도 부끄럽다거나 수치스러움을 느끼지 못하는, 어쩌면 사람의 탈만 썼지 바른생활과는 거리가 먼 이런 사람이 실존한다는 게, 앞에 앉아있다는 게 신기했다. 사실 사람의 모양새만 갖춘 사람들이 좀 많은가. 말만 들어온 인물을 실재 인물로 만난 것이다. 비판하기보다는 연민을 느꼈다. 어쩌면 그런 것들을 숨기고 가식적이고 위선적으로 사는 사람들보다 훨씬 정직할 수도 있겠다는 생각이 들었다. 높은 지성에 미치지 못해 헤어진 자신의 정신세계도 이 사람과 별반 나을게 없었다. 그냥 받아주자. 아기처럼 다독이면, 남자의 경제만 침범 안하면 사나운 발톱을 드러내지는 않을 것 같았다. 너무 잘나 힘들었던 남자와의 결혼생활을 떠올리면 이 남자와는 그리 힘들 것 같지 않았다. 단순해서 대하기 편할 것 같았다. 고집만 꺾으려 들지 않는다면 무난하게 살 수 있을 것 같았다.

주위 사람들이 재혼의 조건에 대해 이야기를 했다. 여자 명의로 부동산 하나는 해줘야 한다는 것이었다. 그것은 중매장이의 소임이었다. 여자가 제시 할 수 있는 조건은 아니었다. 여자는 아직까지도 돈보다는 사랑이 우선이라고 생각했다. 남자는 자신에게는 사랑이란 정열은 존재하지 않는다고 하였다. 살아가며 서서히 들어가는 정은 있을지언정, 그래서 자신은 사랑을 모른다나 어쩐다나. 어쨌든 그렇게 선뜻 재산을 내줄 남자가 아니라는 것, 몇 번의 만남에서 충분히 인지하고 있었다. 유치하고, 치사하고, 야비하고, 인색한 남자가 여자 쪽에서 무엇인가를 결혼조건으로 요구한다면 결혼을 포기하는 편이 나을 거라고 생각할 것이었다. 대충 짐작을 하면서도 결혼을 결심하게 된 것은 바로 그런 부분이 자기 앞가림은 잘 할 것이라고 믿었기 때문이었다.

(7)

"결혼할 분에요"

남자의 어머니는 그 많은 재산을 자식들에게 다 나눠주고 수도권 연립주택 작은 방에서 가난하게 살고 있었다. 냉장고 안에는 언제 먹다 만 음식들인지 모를 반찬들이 양은대접에 담겨 있었고, 방은 습기로 곰팡이가 피고, 방안에는 가재도구 하나 변변치 않았다. 한 마디로 가난한 독거노인으로 지내고 있었다. 낮에는 빈 땅에 농사를 지어 시장에 내다 팔고 끼니는 노인들에게 공짜로 배식하는 교회를 찾아다니며 때웠다. 여자는 할 말이 없었다. 비싼 땅에 지은 집은 남자에게 넘기고 당신은 이렇게 자식 없는 사람처럼 떠돌고 있었다. 자식들이 찾아오는 것도 싫어했다. 기초생활수급자로 돌 봐 줄 자식이 있다는 소문이 날까봐 두려워했다. 아들이 찾아 온 것은 어머니에 대한 예우일 뿐이었다. 가엾게 여기는 여자와는 달리 다음날 노인은 아들이 살고 있는 마을에 들어와 집안 재산 다 뺏기게 생겼다고 난리를 쳤다. 중매를 한 동네 이웃 아주머니들은 이미 성격을 다 알고 있는 터라 입들을 꾹 다물고 답변을 하지 않았다. 중매 선 기집 나오라고 아우성치다가 노인은 돌아갔다.

남자는 여자 부모에게 인사를 가는 날,

"당신 집에 가는 거니 선물은 당신이 사구려. 우리는 아직 결혼 안 했으니까요."

여자는 놀랐다. 인색한 사람이라고는 알고 있었지만 이건 계산을 해야 할 경우가 아니라고 생각했다.

"그러죠. 근데 안 사가도 돼요."

"어떻게 그렇게 합니까?"

"거북하신가요? 거북하신 분이 사시던가요."

남자는 정말 하기 싫은 표정을 그대로 드러내 놓고 선물 꾸러미를 사 들었다.

⑻

남자는 양가 부모 만나 식사를 하는 것조차 하고 싶어 하지 않았다. 그냥 살면 되지 그런 격식이 뭐가 필요하냐는 것이었다. 살다 헤어질지도 모르는데, 결혼 때마다 그 짓을 어떻게 하느냐고, 마치 이미 해본 사람처럼 반기지 않았지만 이웃 아줌마들의 격렬한 항의에 밀려 남자는 뷔페식당으로 결정을 했다. 마을 이웃들은 남자가 대단한 인물이라도 되는 양 열화와 같은 성원을 보내주었다. 진심으로 행복하기를 빌었다. 여자는 그들의 진심을 남자의 진심보다 금세 알아차릴 수 있었다. 남자는 신혼여행 계획이 없었다. 맞선을 보던 날을 기억하면 여자는 이 남자에게 기대할 것은 없다고 생각했다. 남자가 어디로 갈까 망설이자 자신의 집으로 가자고 했다. 남자는 여자가 결정한 것이라고 반가워하며 여자의 집에서 결혼 첫날을 보냈다. 사실 처녀 총각이 아닌 그들에게 그런 것들이 뭘 중요하겠는가. 하지만 후일 마을 이웃들은 자기들도 모르게 남자에게 욕설을 퍼부었다. 그리고 이내 여자를 위로 했다.

"나쁜 사람은 아니야."

"근데 결혼 전에 뭘 어떻게 하자고 의견 나누지 않았나요?"

"아무 것도, 그 사람을 더 잘 아실 텐데요."

"그럴 거야. 알만해. 지금까지 그렇게 살아온 사람이라 쉽게 고쳐진 않을 거에요. 하지만 변할 겁니다."

"알면서 왜 결혼을 했수?"

"무슨 말을 그렇게 해? 아니라우 아니야"

여자는 마을 사람들이 남자에 관한 것들을 쉬쉬 하며 숨기고 있다는 것을 눈치 챘다. 그러나 여자는 상관하지 않았다. 여자는 남자에게 "남자" 외에는 기대할 것이 없을 거라는 것, 이미 짐작하고 있었다. 근데 정말 그 사람들 말대로 왜 결혼을 했을까? 남자가 선보러 나온 여자들을 그토록 싫어하고 증오했던 경제적인 안정이 여자에게도 필요했다.

(9)

남자는 시장을 다니는 걸 좋아했다. 시장 보기는 남자의 일상에서 중요한 즐거움 중의 하나였다. 여자는 남자가 사다주는 대로, 좋아하지 않는 식재료라도 참고 만들기만 하면 되었다. 여자가 퇴근이 늦어지면 남자는 저녁상을 차려놓고 기다렸다. 이웃들은 이젠 여자에게 경제권을 주라고 하였다. 하지만 여자는 동네사람들 생각과는 달랐다. 원하지 않았다. 여자는 식재료를 선정하는 것도 싫고 값도 흥정하는 걸 싫어했다. 한마디로 시장 보는 일을 즐기지 않았다. 남자가 시장을 보고 밥을 하고, 여자는 그 부분에서는 천생연분이라 생각했다. 그냥 남자 식대로 따라 살면 되었다. 마을 이웃들은 얼마나 살겠다고, 재혼을 한 여자를 들어앉힐 생각을 안 하는지 정말 모르겠다고도 하고, 요즘 세상에 어떻게 저렇게 착한 여자가 있을 수 있느냐고, 호박이 넝쿨째 굴러들어왔다고, 칭찬인지 비난인지 모를 이야기로 수군거렸다.

그 사이 남자의 딸은 결혼을 했다. 여자는 그날 처음으로 남자에게 청각장애자 아들이 있다는 것을 알았다. 아이돌 가수처럼 머리 색깔이 빨갰다. 몸매도 날쌘 돌이처럼 날렵해 보였다. 아울러 눈매는 먹이를 노리는 매의 눈처럼 날카로웠다. 남자는 여자에게 감추고 싶었던 자식이었던 모양이었다. 여자는 내심 놀랐지만 태연한 척 했다. 해서는 안 되는 이해지만, 남편이니까 남자를 이해해주기로 했다. 장애자를 둔 부모의 자존심이었다. 청각장애자 아들 곁에는 나이가 서너 살 위로 보이는 여자가 같이 하고 있었다. 동거녀라고 하였다. 돌봐주는 여자가 있어 그동안 나타나지 않았던 것 같았다. 청각 장애자 아들은 남자와 서서 얼마동안 이야기를 나누는 것 같았다. 그리고 남자는 화를 냈다. 화를 내는 모습이 멀리서도 보였다. 얼굴이 벌게져 있었다. 아들의 얼굴도 벌겠다. 둘은 다투고 있는 중이었다. 돌아가라는 손짓을 해 보이는 것 같았다. 식이 끝나고 집에 오니 청각 장애자 아들은 집에 와 있었다. 동거녀는 보이지 않았다. 여자는 처음 보는, 처음 알게 된 남자의 아들에게 미소를 지어 보였다. 아들은 샐쭉해져 고개를 돌렸다. 여자는 아들을 부엌 식탁으로 오라고 손짓으로 불렀다. 과일과 차를 내 놓았다. 안 먹겠다고 머리를 흔들었다. 먹으라고 권했다. 그제야 아들은 과일에 포크를 꽂았다. 그리고 포켓에서 메모지를 꺼내 글을 썼다.

"새어머니가 들어오신 줄은 알았습니다. 우리 집 재산 보고 오신 분으로만 알고 있었는데, 아직은 모르겠지만 좋은 분이신 것 같습니다. 예쁘시구요."

"고마워. 좋게 봐줘서. 근데 여자 친구는 왜 같이 안 들어왔어요?"

"아빠 나빠요. 여자 친구를 구박해요."

"결혼 반대하시나요?"

"아빠는 나를 싫어해요. 굶어죽든지 말든지 네가 벌어먹고 살으라고 돈 안주셔요."

"일도 다니나요?"

"다니다 말다 그래요. 나쁜 사장이 월급을 안 줘요. 장애자라고 막

대해요. 일하나 마나에요."

"어떻게 살아요?"

"여자 친구도 나처럼 직장에서 일을 하다 말다 그래요 죽지 못해 살아요. 여자 집에서 쌀도 가져오고…"

"……"

"방 값도 올려 달라고 하구요. 정말 아빠 나빠요. 죽여버리고 싶어요."

여자는 순간 숨이 멈추는 줄 알았다.

"안돼요. 아빠한테 그러면…"

"그럼 아빠는 부자면서 장애아들한테 이러는 거 착한건가요?"

"……"

늦게 들어온 남자는 말 못하는 아들에게 지나치게 냉랭하게 대했다. 말 한마디마다 친아빠가 맞나 싶게 차가웠다. 곁에서 지켜보던 여자는 도무지 남자를 이해할 수 없어 한마디 했다.

"가엾지 않아요? 당신 아들에요. 사랑해 주세요."

"모르면 빠져. 이 녀석은 나를 죽이려 든다니까. 이 이상 어떻게 더 주란 말이야? 여자와 헤어지면 다 해준다고 하는데도 못 헤어지고 정말 병신이 육갑을 한다고, 어린놈이 벌써부터 여자는 알아가지고…"

여자는 화들짝 놀랐다. 비정이란 단어가 훅 하고 머릿속을 헤집었다.

"여자 핑계 대지 마~여자 없었을 때도 아빠는 나를 미워했어. 나한테 이러면 집에다 확, 불 질러버릴 거야"

아들은 메모지에 바쁘게 써 나갔다.

"청각 장애자 아들을 둔 부모가 수화도 못하고, 내가 죽어 없어지기만 바라지. 안 죽어. 난 오래 살아 아빠 망하는 꼴 보고 말테야"

여자는 비정한 아버지의 불량한 아들이라는 생각에 소름이 쫙쫙 솟아올랐다.

남자는 아들에게 얼마인가를 주는 듯했다. 아들은 목적 달성을 했다고 생각해서인지, 아니면 처음 보는 새어머니 앞에서 더 이상 추한 꼴을 보이고 싶지 않았는지 인사도 없이 휭하니 나가버렸다. 여자는 입을 다물었다. 여자가 할 수 있는 일이 있는지, 해도 되는지를 생각해 보기로 하였다. 남자는 아들을 걸인으로 만들어놓았고 걸인아들은 아버지를 협박해 돈을 뜯어 갈 궁리를 하고 있었다. 아버지는 뺏기지 않겠다고 흥분하고, 아들은 돈을 얻어가기 위해서는 범죄도 불사하겠다는 의지를 보였다.

(10)

남자의 딸은 신혼 여행지에서 돌아오는 즉시 증발이 되었다. 일주일 넘게 행방을 찾던 남자는 딸에게 다른 남자가 있다는 것을 알았다. 새신랑만 몰랐다. 남자의 딸은 귀가를 해 바로 남자에게 이혼 통보를 하였고 남자는 손해배상을 청구했다. 못 주겠다고 하자 새 신랑은 남자의 딸을 경찰에 고소했다. 남자의 딸은 이혼 사유를 만들어 맞고소를 했다.

여자는 남자의 딸의 행동에서 남자를 그대로 보았다. 치사하고 야비하고 인색했다. 남자와 다른 것은 젊은이다운 언어와 문화가 있다는 것이었다. 한동안 우여곡절 끝에 여자 측에서 내민 최소한의 합의금을 받고 새신랑은 고소를 취하했다. 여자는 신혼 밤을 보내지 못한 책임을 남자에게 물었다. 남자는 여자의 완강한 거부를 들어 고소했던 법정 싸움은 일 년 가까이 진행 되다가 막을 내렸다. 남자의 딸은 정상적인 결혼을 해보지도 못한 채 '돌싱' 이 되었다. 그 후 남자의 딸은 많은 남자들과 만나는 듯하였다. 밤늦게 남자를 제방으로 들여 재워 나가는 일이 다반사였다. 아침이면 고양이처럼 나와 아침밥을 해

먹였다. 발정 난 암고양이 같았다. 남자는 딸의 행동에 일언반구(一言半句)가 없었다.

(11)

청각장애자 아들이 세 들어 살고 있는 주인에게서 전화가 왔다. 일요일 마침 집에서 쉬고 있던 여자가 전화를 받았다.

"말씀 들었습니다. 아드님이 살고 있는 집 주인입니다."

"안녕하세요?"

"새 어머님께 이런 말씀 드려도 좋을지 모르겠네요. 혹 아저씨는 안 계신가요?"

"외출하셨습니다. 말씀 하세요. 전해드리겠습니다."

"아드님 어머니 생전에는 아버지는 온 적이 없고 어머니 혼자 아드님을 돌봤습니다. 돌아가시고 난후 가족들이 아무도 찾아오지 않아요. 어떻게 그럴 수가 있을까요. 누나도 있다고 들었는데, 가엾네요."

"어떻게 힘든가요? 직장도 다닌다고 들었는데요."

"저도 오빠가 장애자라 아드님을 가엾게 여기고 많이 동정하고 있습니다. 월세가 많이 밀려있고 사는 것도 힘들어요. 장애자들이 국가보조를 받는다고 하지만 적은 금액이고, 직장도 자주 바뀌고, 사장 놈들이 마구 깐 보고 월급도 떼어먹기 일쑤죠. 아버님께서 부자라고 들었는데 너무 방치하시는 건 아닌지요."

여자는 약도를 물었다. 한번 찾아가겠다고 약속을 한 후 전화를 끊었다.

(12)

장애자라는 측은지심이 여자의 마음을 움직였다. 여자는 남자에게 아무 말 하지 않고 남자의 아들 집을 찾아갔다. 주택 일층은 방 하나의 부엌 하나인 방이 여러 개 있었다. 그 중 하나에서 남자의 아들 부부는 살고 있었다. 남자의 아들 부부는 새어머니의 방문을 희망으로 알고 있는 것처럼 반겼다. 가슴이 뜨거웠다. 차고지에다 방을 들였는지 입구만 있지 창문이 없는 방이었다. 그렇지만 구석구석 여자의 손길이 느껴졌다. 청결했고 가구 배치도 맵시가 있었다. 예쁘게 살고 있는 모습이 한 눈에 들어왔다. 여자는 남자의 아들과 같은 청각 장애자인 여자를 바라보았다. 화장기도 없고 예쁘지도 않고 입은 옷도 시골처녀처럼 수수했다. 남자의 아들은 여자에게 눈짓을 했다. 여자는 대학노트와 볼펜을 들고 왔다.

"전 새어머니가 들어오셨다는 말을 듣고 실망했습니다. 우리 아빠 재산 새어머니가 다 가져가면 우리에게 돌아올게 없겠구나 하구요."

여자는 웃었다.

"그렇게 보여요?"

"그렇게 생각하지 않아요. 하지만 아빠 재산 받고 싶어요. 돈이 필요해요. 집도 전세로 바꾸고 싶고요."

"아빠가 안 해주셨나?"

"해 줬는데 생활비가 없어 빼 썼어요."

"아빠가 못 믿으시는 모양이네."

"우린 돈이 필요해요."

"아빠한테 돈만 달라하지 말고 자주 찾아뵈면서 잘 지내 봐요."

"아뇨. 나만 가면 벌레 취급해요. 나, 가는 걸 싫어해요. 새어머니와 결혼 때노 나는 빼놨잖아요."

"……"

"아빠는 내가 죽었으면 하는 사람에요. 나빠요. 죽여 버리고 싶어요."

"훅~안돼요. 그런 말 하면, 그런 생각하면…"

남자의 아들은 아버지에 대해 여자에게 어떻게 설명해야 좋을지 생각해 보다가 복사해놓은 장문의 편지를 꺼내왔다. 내용증명처럼 복사해 아버지에게 보내고 그것을 보관 해놓은 편지였다. 그리고 어릴 때부터 써온 일기장을 꺼내왔다. 어릴 때 남자의 아들은 야구 선수를 했었다. 어머니의 뒷바라지가 돋보였다. 어머니가 죽자 아들은 외톨이가 되었다. 좋아하던 야구는 당연히 할 수 없었다. 아버지는 시종일관 네가 벌어서 살아라. 사지 멀쩡한 놈이 빈둥거리며 돈만 쓰려고 하느냐 하며 밖으로 몰아냈다. 아들은 장애인복지센터를 통해 피혁공장에 한동안 다녔지만 월급을 주지 않아 사장과 싸우다가 제 풀에 지쳐 나오기도 하고 일하러 가기 싫어서 그만두기도 하면서 홀로 떠돌았다. 그러다가 지금의 여자를 만나 살게 되었고, 아버지는 연상의 여자와의 동거를 구실 삼아 아들을 집안에 아예 들이지 않으려 하였다. 남자의 아들은 독립하겠다는 의지가 약한 장애인이었다. 어머니의 도움으로 살아온 습관에서 아직 벗어나지 못했다.

여자는 남자의 아들이 아버지에게 쓴 편지를 읽었다. 아버지에게 숱회 내쫓기고 욕을 먹으며 상처를 받았지만 아들은 아버지라는 기대감을 버리지 못한 채 의존하고 있었다. 그로 인해 둘의 관계는 더욱 악화되어갔고, 이젠 아버지에게 욕설도 서슴치 않는 패륜아가 되어 있었다. 아들은 그간에 받은 상처를 조목조목 써 아버지를 공격했다. 여자는 평소 생각하고 있던 남자의 대한 비평적인 생각들이 그의 아들이 소상하게 써놓은 것들과 일맥상통함에 슬펐다.

(13)

"어머머~ 그런 아들이 있다는 얘기는 못 들었지. 속였나 부네."

"사기야. 사기 결혼했어."

"뭐 그렇게까지야. 부끄러웠겠지요."

"그래도 그렇지. 자기 자식인데 왜 말 안해? 이런, 언니한테 따져야지."

용씨 아줌마는 펄펄 뛰었다. 뛴들 어쩌겠는가. 그런 이야기까지 했다면 남자의 결혼은 이루어지기 쉽지 않았을 것이었다. 그래서 그들도 그 부분은 일부러 뺐을 것이었다. 다음 날 용씨 아줌마는 남자가 직접 말해줄 줄 알고 말하지 않았다고 했다. 좋은 말이 아니어서라고 덧붙였다. 여자는 자신을 속인 것에 대한 분노가 아닌 장애자인 아들을 대하는 남자의 됨됨이에 분노하고 있었다. 남자는 여자의 분노를 무시했다.

"앞으로 당신하고 그 아이 문제로 다투는 일 없었으면 해요. 부탁하는데 나 몰래 그 녀석 한데 돈을 주는 일은 없어야 하오."

"당신이 주라고 하지 않는 한 저는 주지 않아요. 당신 자식이니까."

"그리 생각해 주면 고맙고…"

"그게 그렇게 고마울 일인가요? 가여워서 내가 해주고 싶으면 해줄 수도 있지 않나요?"

"그게 그 아이의 자립을 방해하는 것이오. 누가 없어서 안 주나요. 버릇을 고쳐주려고 그러는 거죠."

"고쳐질 거라고 믿으세요?"

"어렵다는 거 알아요. 지 어미가 엄청 싸고도는 바람에 얘가 그 모양이 되잖았소."

(14)

남자의 딸은 두 번째 결혼을 하였다. 남자의 아들은 본가 사정을 어떻게 알았는지 알려주지 않아도 와야 할 때를 잘 알고 제 발로 찾아왔다. 식이 끝난 후 집으로 온 아버지와 아들은 서로의 의견에 합의점을 찾지 못한 채 다시 다투기 시작했다. 남자의 아들은 누나한테는 두 번씩이나 결혼자금으로 돈을 주면서 나는 왜 주지 않느냐는 거였다. 남자의 아버지는 누나는 제가 벌어서 가는 거라 나와는 무관하다고 설명하지만 먹혀들 리가 없었다. 아버지 죽으면 분배할 재산을 지금 달라고 우겼다. 나 죽은 다음에 받아가라고, 나 아직 안 죽었다고, 웃지 못 할 풍경이 부자지간에 벌어지고 있었다. 그 사이 남자는 그동안 네가 없앤 돈이 얼마나 되는 줄 아느냐고 따졌고 아들은 그런 거 엄마가 다 해줬다고, 네 엄마가 돈을 번 사람이냐? 다 내 돈이지. 라고 아들을 자극했고, 아들은 그럼 아버지는 돈을 벌었나요? 라고 자극했다. 부부 싸움할 때 서로 할퀴고 상처 내는 이야기만 골라서 하는 것과 같았다. 어른도 양보하지 않았고 아이는 어른에 대한 예의를 잊었다. 젊은 혈기가 더 빨리 폭발한다는 것을 남자는 미처 예측하지 못했다. 자기식대로 되지 않자 남자의 아들은 부엌에 있는 식칼을 찾아들고 나왔다. 아버지를 죽여 버리겠다고, 정말 그럴 것만 같았다. 여자의 혼절로 남자의 아들은 칼을 놓고 달아나듯이 집을 나갔다. 여자는 깨어나서도 공포로 안절부절 못했다.

(15)

남자의 딸은 결혼을 하고도 집을 나가지 않았다. 전처럼 부부 사이가 좋지 않아 그런가? 라고 갸우뚱했을 뿐 아이에 대해 잘 모르는 여자는 남자의 결정만을 기다렸다. 그러나 남자의 딸이 집을 나가지 못하는 이유는 재산 분할에 있다는 것을 알았다. 새엄마의 등장은 자신들의 지분을 축소시킨다고 믿고 있었다. 집을 나가면 어쩌면 자신들에게 돌아올 지분이 없어질지도 모른다는 두려움에 버틸 때까지 버텨 보겠다는 심산이었다. 남자는 물론, 딸과 아들, 그리고 남자의 엄마까지 모두 돈의 화신들이었다.

여자는 남자에게 물었다. 아들을 어떻게 할 것인가였다. 남자는 때가 되면 그 아이한테 재산을 나눠줄 거라고 하였다. 단 지금은 아니라고 했다. 그러면 아들은 당장 어떻게 사느냐고 하였다. 돈을 벌어 살아야 한다고 하였다. 여자는 그러냐고 하였다. 벌어서 살지 못한 건 당신도 마찬가지 아니냐? 라고 묻고 싶었던 질문이 입안에서 맴돌았다. 여자는 침묵했다. 남자의 마음을 움직여 보려 하는 건 불가능하다는 걸 이미 알고 있었다. 무지한 사람의 세상 살아가는 방법은 고집이었다. 망하거나 흥하거나 둘 중의 하나였다. 아들에게 칼을 맞건 집에 불이 나건 여자는 이쯤에서 관심을 멈추기로 하였다.

(16)

2년을 살았지만 남자는 혼인 신고를 기피했다. 여자는 혼인신고를 기피하는 남자의 의도를 충분히 알고 있었다. 남자는 재혼에 성공할 확률이 낮다는 걸 통계로 추측하고 있었다. 혼인신고로 헤어질 때 여자에게서 재산분할 신청이라도 받게 될까봐 잔뜩 긴장하고 있었다. 짐만 싸들고 나오면 되었다. 남자는 말리지 않았다. 이사비용만 대주겠다고 하였다. 여자는 거절할 이유 없었다. 그러라고 하였다. 그러고 보면 여자는 지금껏 남자가 하고자 하는 대로 따라주었다. 왜냐하면 여자는 남자를 설득할 자신도 없을 뿐더러 하기도 싫었다. 남자는 무엇이든지 예측하길 즐기고 그 예측을 사실처럼 앞서 근심하고, 그 근심을 결과로 매듭지었다. 일어나지 않은 일을 일어난 것처럼 결론을 내려놓고 있었다. 앞서 가는 사람의 생각을 잡는다는 건 여자의 지혜로는 역부족이었다. 그들 부부 관계도 남자는 이미 결론을 내려놓고 있었던 것이다. 밥을 같이 먹고 같이 잠을 자고 대외적으로 부부라는 것 외에 두 사람의 의견이 일치되는 건 한 가지도 없었다. 그럴 적마다 여자는 남자 여자가 만나 사는 게 별 거 있나. 이 정도면 되는 거지. 지금까지도 혼자 살아왔는데, 남자를 통해 행복하기를 원한다는 건 허영이고 환상이라고 여자는 스스로를 위로했다. 여자는 이 남자에게는 올바른 인성교육도 부재했고 타고난 품성도 선하지 않다는 걸 인정하지 않으려한 자신을 자책했다.

며칠 전 여자는 친목계 모임을 끝내고 돌아오는 길에, 남자의 죽은 아내와 유독 친하게 지냈다는 이웃과 둘이서만 걷게 되었다. 남자의 아내와 동갑이라고 하니까 여자의 나이보다 십년 쯤 위였다.

"야! 너 가!"

여자는 당혹감을 감추지 못한 채 친목계원을 바라보았다. 남자의 죽은 아내의 자리에 대신 들어간 친목회였다. 계원들은 여자를 새 식구처럼 자상하고 다정하게 대해주었다. 직장생활은 얼마나 힘드냐. 저 인간이 재혼해서까지도 정신을 못 차리네. 헐뜯다가도 이내 좀 기다려 봐요. 달라질 겁니다. 라고 말하면서 여자를 달랬다. 여자는 무엇이 달라진다는 건지 짐작이 전혀 가지 않는 건 아니었다. 하지만 여자는 변화할 것이란 기대보다는 차라리 헤어지는 편이 나을 거란 생각을 이미 하고 있었다.

"죽은 친구가 얼마나 불쌍하게 살다간 줄 아냐? 저런 인간을 중매한 것은 친구 때문이었지만, 모두들 이 결혼은 안 된다고 하였지만 그래도 재혼을 시키려 했던 것은 아내를 잃어본 사람이라면 적어도 전처럼 살아서는 안 된다는 것을 깨달았을 거라는 희망을 가졌던 거지. 이렇게 깨달음이 늦은 인간인 줄 애초에 몰랐던 건 아니었지. 암만, 이런 인간인 것을 우리들이 자네를 속인 걸세. 우리 모두 자네에게 죄인인 셈야. 우리는 생각했었지. 교제를 하는 사이 남자의 성격이 파악되면 재혼은 성공 못할 거라고. 그런데 자네가 걸려들은 거야. 내가 이런 말 했다는 건 꼭 비밀로 해주게. 이 이야기한 걸 저 인간이 알면 아마 날 죽이려들 걸세. 암튼 저 인간은 죽은 친구 아니면 벙어리 아들도 버렸을 거구만. 걔는 즈희 엄마 아니었으면 못 살았을 거야. 친구는 데리고 온 자식처럼 혼자 끼고 고생하다가 불쌍하게 갔어. 경제권을 주기를 했나. 성질은 더럽지… 야구방망이로 여자를 때리는 놈이라니까. 자네같이 어린 사람이 저 사람하고 이런 식으로 살 것 같으면 관둬야 하는 거 아니냐? 내 말을 오해하지 말고 잘 생각해 봐. 죽은 친구처럼 살게 하지는 않겠지, 변화를 하겠지 하며 회원들이 기다리고 있는데 조금도 변할 조짐이 보이지 않잖아. 난 잘 알아. 죽은 애가 얼마나 힘들게 살다 갔는지. 걔는 새끼 있어 살았다 하지만 넌 애가 있어 살 거냐? 뭣하러 살아? 아마도 내 말을 들어야 할 거야. 언젠가는 후회하게 될 거야. 이곳을 떠나면 내게 고마워할 걸세"

"벌써 하고 있습니다. 제가 잘못 판단하고 있는 게 아닐까. 생각하고 있었는데, 비로소 가슴이 트이는 것 같네요. 고맙습니다."

"사람 사는 모양새가 다 비슷비슷하긴 하지. 속 썩이는 자식도 있게 마련이고, 근데 그 집 큰 딸년은 변덕스럽고, 바람둥이고 몹쓸 년이지. 즈희 엄마 생전에 즈희 엄마는 무시하고 맨날 즈희 아버지하고만 소곤거리고, 죽은 친구가 그년 땜에 상처를 많이 받았지, 또 아들은 어떻고? 무엇보다도 저 인간이 문제지. 동네 남자들이 자기보고 저 인간하고 헤어지면 다시는 재혼 안한다고 할 거라고 해. 남자한테 질렸을 거라고."

짐을 빼는 날 동네 이웃들은 놀라 웅성거렸다. 잘 살고 있는 줄 알았더니 이유가 뭐냐. 급하니까. 남자가 섹스가 안 되나? 라는 말까지 거침없이 하며 이유를 알고 싶어 했다. 남자는 자신과는 맞지 않는 여자라고, 나하고는 살 여자가 아니라고 했다고 했다. 그러니까 남자는 이미 여자와의 미래를 포기하고 있었다는 이야기였다. 사실 남자는 여자의 지적 수준에 미달되는 자신에게 열등감을 갖고 있었다. 여자는 지적 수준 운운 하는 것을 가장 싫어한다는 걸 남자는 알지 못했다. 여자는 남자의 비인간적인 태도에 실망을 지나 절망 했다. 어머니나 장애자 아들을 대하는 남자의 품성이 그것을 증명했다. 동네 이웃들은 떠나는 새 이웃을 위해 눈물을 글썽였다. 여자는 자신이 그다지 잘못 살지 않은 것 같아 다행으로 여겼다. 여자는 자신이 살던 아파트로 돌아왔다. 사람소리 대신 켜놓은 TV드라마에서는 "초혼은 환상이고 재혼은 머리가 나쁜 사람이나 하는 거야" 라는 대사에 공감하며 씁쓸해 했다.

"내가 머리 나쁜 거 어떻게 알았지?

다음 날 출근을 하니 용씨 아줌마가 놀라 호들갑을 떨었다.

"그 넘의 집에 불이 났다우. 여자를 데리고 살다가 한 푼도 주지 않는 그런 인색한 놈 천벌을 받은 거야. 암~천벌을 받았대니까. 자기야! 헤어진 건 정말 잘했어. 미안해. 사람을 잘못 소개해서…"

"다 탔나요? 사람은 안 다치구요?"

"그깟 넘의 집 다 탔거나 말거나, 그 넘이 죽었거나 말거나 신경 절대 쓰지 말우. 안타까워하지도 말고, 뭔 여자가 이리 착한가. 에잇! 그 집 청각장애자 아들이 경찰에 잡혀갔다고 하던데, 걔가 맨날 불 지른다고 했더구만."

여자는 재혼은 가시덤불 속 같은 거라고 한 추씨 아줌마의 말이 떠올랐다. 그 속에 무엇이 들어있는지 닥쳐보지 않고는 모르는 것이었다.

모두 타 버린 집 터 앞에서 남자는 여자 때문이라고 원망하고 있었다. 여자가 들어오고 나서부터 모든 게 껄끄럽고 불편했었다. 재혼의 조건 중에서 여자들이 요구하는 건 뻔했다. 그런데 이 여자는 무얼 믿고 있는지 그 어떤 것도 요구 하지 않았다. 오히려 남자는 그 점이 불안했다. 다른 여자들처럼 둘 사이에 자식이 없다는 것을 이유로, 노후를 보장 받고 싶어 재산을 얻어내려 노력하는 행위들이 전혀 안 보였다. 바보처럼 괴이하기까지 하였다. 재혼했다가 얼마 못 가 헤어지는 커플들을 많이 봐온 남자는 이 여자도 얼마 못 살고 갈지도 모른다는 생각을 떨쳐버리지 못했다. 물론 여자가 그런 행동을 하였더라면 2년이란 세월까지 같이 살지도 안 했을 것이었다. 물끄러미 자신을 바라보기만 하는 여자를 보면, 그래, 난 너를 다 알고 있어. 적당한 시기에 난 떠날 거야. 라고 말하는 것만 같았다. 굴러 온 돌이 박힌 돌을 빼낸다고, 남자 집에 들어 와 사는 건 여자인데 남자가 더 가시방석이었다. 이런 심정을 남이 알면 얼마나 비웃을까. 헤어진 건 잘 한 것 같은데 집이 홀랑 타버려 당장 가 있을 곳이 없게 되었다. 남자는 여자가 떠나는 날 밤에 방화사건이 난 것은 우연의 일치일거라고 생각했다. 동네 사람 모두가 모여 여자가 탄 용달이 사라져 갈 때까지 지켜보았는데, 되돌아와 불을 질렀다는 추측은 감히 할 수 없었다. 그렇지만 남자는 누군가 원망을 하고 책임을 전가하지 않으면 못 견디는 형이었다.

여자는 내심 경찰은 잘못 짚은 것일지도 모른다고 생각했다. 청각장애자인 아들이 아버지와 다툴 때마다 집에 불을 지르겠다는 말을 입에 달고 살았다 해도, 그 아이는 그럴만한 능력이 없었다. 하지만 범죄 전문인은 경찰이었다. 알아서 처리해줄 것이었다. 단, 청각장애자에게서 단서가 나오지 않으면 다음 조사대상은 자신일 것임을 예감하고 있었다. 원한을 품은 최근의 인물은, 재혼해서 살다가 사건 당일 나간 이 여자 밖에 없다고, 그 지역 원주민들은 이 여자를 조사해 줄 것을 강력하게 요구할 것이 틀림없었다. 그들은 죽은 친구의 남편을 위해선 맨발을 벗고 뛰어도 아픈 줄 모르는 이웃애로 똘똘 뭉쳐서 있었다.

═ 편집후기 ═

베이비붐 세대. 여성대통령 탄생에 큰 힘으로 작용한 50대를 두고 일컫는 단어이지요. 58년 개띠를 중심으로 전후 세대를 가리키는 용어이기도 합니다. 우리 모두는 이 세대에 속하지 싶습니다. 부모를 모시는 최후의 세대이며 부모로서 모심을 당하지 않는 최초의 세대라고도 하는 베이비붐세대.

카페에 들면 5060이라는 단어가 자주 눈에 뜨입니다. 50대와 60대를 아우르는 단어이지요. 우리 동인지 창간 때엔 4050이 대세였습니다.

한해에 두 번 발간을 놓치지 않았으니 18호 발간은 9년을 뜻합니다. 창간호 준비기간 1년을 더하면 실지론 강산이 변한다는 10년이 됩니다. 그에 따라 우리도 4050에서 5060으로 넘어왔습니다.

우리가 나이는 들었지만 변함없는 것은 창작에 대한 열기입니다. 그 열기가 없다면 능히 19호 출간 기념회 준비를 할 수가 없을 것입니다.

갈수록 열악한 경제와 건강은 우리를 상당히 피폐하게 만듭니다. 그럴수록 우리는 더욱더 힘을 내어 책상 앞에 앉아야 합니다. 그래서 20호. 21호. 대사문의 새 역사를 만들어가야 합니다.

글의 소재를 찾지 못해 종일 책상 앞에 앉아 한줄 못 쓰며 바동거려온 저 입니다. 작품을 올리신 회원님들 모두 그러하셨으리라 짐작됩니다. 하지만 우리는 하고자 하는 열정이 있어서 19호의 탄생을 이루어 냈습니다.

지난겨울의 혹독한 추위도 견뎌 냈듯이 어떤 어려움도 이겨내어 20호 탄생의 준비에 매진하시리라 믿습니다. 동인지 발간은 이제 우리에겐 사명이며 또 숙명입니다

〈동화작가 정이식〉

파랑새로 오세요

대한사이버문학 (제19호 · 2013)

인쇄일 | 2013년 4월 15일
발행일 | 2013년 4월 20일
지은이 | 대한사이버문학회
편집주간 | 서혜원
편집위원 | 정이식 류인복 이상야 천홍자

http//cafe.daum.net/hankuk2003

• 구독신청 및 광고 문의
  cryingbird50@hanmail.net HP 010-9705-7906
• 정기구독료 및 도서 신청 입금 계좌번호
  예금주 : 국민은행(서혜원) 계좌번호 : 056-21-0024-343

편집 · 인쇄 | 오늘의 문학사
대전광역시 동구 삼성1동 125-6 한밭오피스텔 401호
Tel(042)624-2980 Fax(042)628-2983
http://www.lito77.co.kr
E-mail : hs2980@hanmail.net
등록 | 제 56호(1993년 6월 23일)

값 10,000원

*잘못된 책은 바꾸어 드립니다.

춤바위

국립중앙도서관 출판시도서목록(CIP)

춤바위 : 엄기창 시집 / 지은이: 엄기창. -- 대전 : 오늘의 문학사, 2014

p. ; cm. -- (문학사랑시인선 ; 32) 표제관련정보: 감동의 모닥불을 피워주는 시

ISBN 978-89-5669-627-0 03810 : ₩12000

한국 현대시[韓國 現代詩]

811.7-KDC5 895.715-DDC21 CIP2014019700

춤바위

엄기창 시집

오늘의문학사

| 시인의 말 |

감동의 모닥불을 피워주는 시

읽는 사람은 줄어드는데 시는 범람汎濫하고 있다. 다른 매체에 매료된 아이들은 저희 선생이 시인이라 하는데도 전혀 감동을 하지 않는다. 미래의 주인이 될 아이들의 시선은 멀어졌지만, 하루에도 수없이 많은 시들이 활자화되어 쏟아지고 있다.

오늘 쏟아지는 저 수없이 많은 시들 중 과연 몇 편이나 생명을 얻고 살아남을까? 가끔은 시를 쓰는 일에 회의가 들면서도 오늘도 나는 시를 쓴다. 혹시나 문명의 이기로 삭막해져 가는 사람들의 가슴에 따뜻한 들꽃 한 송이라도 피울 수 있을까 하는 희망의 끈을 놓지 않으며,

황토 물에 떠내려가는
모국어母國語를
한 조리 일어
내 시를 빚었다.

거친 모래밭에 피어난
풀꽃 송이들아

반딧불로
불씨를 살려
사람들의 가슴마다
진한 향기香氣의 모닥불을 피워 주거라.

세 번째 시집을 뛰는 가슴으로 세상에 내놓으며 간절히 기도한다. 혼탁해진 모국어를 조리로 일고 일어서 빚은 내 시가 단 한 편만이라도 사람들의 가슴에 감동의 모닥불을 피워주기를…….

2014년 7월 1일
엄기창

차례

1 비우는 것의 아름다움

차례

2 사랑의 담채화

차례

3 산 따라 물 따라

차례

4 엉겅퀴꽃의 노래

차례

5 세월의 유역에서

1부

비우는 것의 아름다움

황혼 무렵

물총새의 눈동자가
돌의 적막寂寞을 깔고 앉아서
부리 끝에 한 점 핏빛 노을
노을 속에서 물고기의 비명들이
더욱 빛나고 있다.

저마다의 의미로 피어난 꽃들,
숨을 죽이고
온 몸 털 세워 바라보는 저
바위의 응시凝視.

물총새의 부리 끝에
반짝
물비늘이 일렁인다.

퍼덕이는 물고기의 몸부림 속으로
내려앉는 어둠,

그 어둠마저도 아름다운 황혼 무렵에…….

향일암向日庵에서

절 마당은
무량無量의 바다로 이어지고

무어라고 지껄이는 갈매기 소리
알아들을 수가 없다.

바다를 지우며 달려온 눈보라가
기와지붕을 지우고
탑을 지우고

목탁木鐸 소리마저 지운다.

지워져서 더욱 빛나는
관음상 입가의 미소처럼

나도 눈보라에 녹아서
돌로 나무로 바람으로 지워지면
갈매기 소리 알아듣는 귀가 열릴까.

겨울 바다는 비어서 깨끗하다.
비어서 버릴 것이 없다.

마곡사麻谷寺에서 1

산문山門의 천왕님은
아직도 눈을 부라리고 있다.

묵언默言의 입 꼬리에
몇 올
밧줄 같은 거미줄 걸고

내 다섯 살 여름 무렵 첫 대면에
불타던 그 화산
아직도 눈빛에 이글거리고 있다.

옷을 털고 또 털어도
털어낼 수 없는
업연業緣의 질긴 먼지들,

쓸쓸히 돌아서서
태화산 그림자에 묻혀
세상도 부처님도 모두 잊으니

일체의 업장業障 쓸어내듯
마음 속 울려주는
늦여름 매미 소리…….

부처님 미소

조금씩 조금씩 번지다가
온 얼굴
가득한 자비慈悲

닮을 수가 없다.

마곡사 범종소리로
욕심을 씻고
탑을 돌면서 마음을 비워 봐도.

이순耳順을 지나면서
내 마음의 갈대밭에 연꽃을 피워보려는
평생의 꿈을 버렸다.

어느 날 아침 세수를 하다가
문득 거울 속에
비친

조금씩 조금씩 번지다가
온 얼굴
가득한 평화平和.

고개

장승은
사람 목소리가 그리워
고개 아래쪽으로 몸을 굽히고 있다.

터널이 뚫린 뒤로
인적 끊긴 성황당 고갯마루….

돌탑에 담겨있던 소망들은
장마 비에 씻기고,

들리지 않는 소리에
귀 기울이다
성황나무는 귀가 다 닳았다.

야위어가는 길 따라
추억이여
너도 돌탑처럼 무너져 풀숲에 묻히겠지.

산사山寺

보리수나무 아래 여승이 하나
번뇌의 열매를 줍고 있다.

반쯤 열린
법당 문 사이로
만수향 향내 절마당을 덮으면
염불로 닦여지는 보리수 열매

번뇌의 때
한 겹씩 벗겨지고
탑은 함성으로 일어서고

여승의 얼굴
구름 걷힌 자리
햇살 가루 내어 뿌리듯
반짝이는
입가의 미소

천 년의 미소微笑

불이문不二門 들어서니
사바는 꿈 밖에 멀고
바위에 새겨진 마애불磨崖佛
구름 비집고 쏟아지는 햇살 같은 미소,

암심巖心으로 질긴 뿌리를 내려
천 년을 깎아내도 웃음은 못 지우고
어깨 팔 떨어진 조각만
세월 흔적 그렸다.

그 웃음 퍼내다가
마음에 새겨 두고
잘 적 깰 적 떠올리며 웃는 연습을 한다.

오늘도 아픔이 넘쳐나는 거리에
천 년을 지워지지 않는 마애불磨崖佛, 그 미소를
등불처럼 환하게 걸어놓고 싶다.

빈 집

지난 가을 사립문 닫힌 뒤에
다시는 열리지 않는
산 밑 기와집

겨우내
목말랐던
한 모금 햇살에
살구꽃만 저 혼자 자지러졌다.

노인 하나 산으로 가면
집 하나 비고
집 하나 빌 때마다
논밭이 묵고

아이들 웃음소리
사라진 골목마다
농성하듯 손들고 일어서는
무성한 풀들

저 넓은 논밭은 이제 누가 가꾸나.

빈 마을 1

심심한 까치가
호들갑스레 울다 간 후

느티나무 혼자 지키고 선
빈 마을의 적막,

바람의 빗자루가
퀭한 골목을 쓸고 있다.

사립문 굳게 닫힌 골목의
마지막 집에

하염없이 머물다 가는
낮달의
창백한 시선

보아주는 사람도 없는
살구꽃 꽃등은 타오르는데…….

빈 마을 2

장다리골엔 봄이 왔어도
장다리꽃이 피지 않는다.

아이들 웃음소리 묻어나던
공회당 깃대 끝엔
찢어진 깃발처럼 구름 한 조각 걸려있고,

사립문 열릴 때마다 문을 나서는 건
허리 굽은
바람…….

장다리꽃 기다리다 지친
나비는
움찔움찔 떨면서 경운기 뒤를 따라간다.

뒷산 산 그림자 멈춰 서서
시간이 늦게 흐르는 마을.

가을 산

불타는 단풍 산으로
노스님이 들어섰다.

산 빛 깨어지지 않고,
회색 승의가
단풍에 녹아든다.

작은 등짐에 담겨온
속세의 눈물들을
산문 앞에 부려 두고,

조금씩 산 속으로
들어갈수록
비우고 비워 산바람이 된다.

바람이 지나가는 길가에
울던 새는
울음을 그치지 않는다.

저녁 어스름으로
지워지는 산들이
스님의 등 쪽으로 빨려들고 있었다.

생가 터에서

안부가 궁금해서
안테나처럼
회초리 하나 쫑긋하게 내세운 밤나무

가지 끝에는
썩은 둥치의 부피만큼 머물렀던
내 잃어버린 어린 시절이
밤 잎으로 피어

그늘 속에
아버님 기침 소리
재주 있는 자식들 대처로 학교 못 보내
밤 내 콜록거리던 아버님의 각혈

육이오사변 통에 약 한 첩 못 써보고
자식 둘 먼저 보낸
피멍 얼룽이는 어머님 눈물
한숨 엮어 베 짜는 소리

연실이만 보면
가슴 설레던

무지개 추억들은 다 지워지고

웃자란 콩 포기 아래 묻히다 남은
주춧돌에 걸터앉으면
한여름이 달궈놓은 알큰한 온기처럼

오늘을 씻어주는
그믐 빛 따스한 추억

귀향

휘파람새 울음을 밟고
돌아가네.
저녁노을 깔린 고갯길 굽이돌아
골어스름 안개처럼 내리는 여울 건너
마실갔다 돌아오는 아이처럼 돌아가네.

집집마다 한 등씩 불이 켜지고,
땅거미 따라 내려오는
남가섭암 목탁소리.
산벚꽃 자지러진 향내를 묻히고
사바의 마을을 닦아주는 천수경 한 자락.

장다리골 너머
초승달은 떠오르네.
달빛아래 몸을 떨며 손 내미는
작아진 산들,

도회의 옷들은 한 겹씩 벗으려네
모든 것 다 벗고
빙어처럼 투명해 지려네.

실핏줄까지 드러나는
어릴 적 마음으로
고향의 품속으로 안겨들려네.

마티고개

속이 뻥 뚫려
시원하지?

물으면

버려진 길 더 야윈 고갯마루
목 길어진
느티나무 꼭대기에

한사코 매달린 늦가을
저
기다림 하나…….

영평사에서

산자락마다
구절초꽃
목탁소리 먹고 피어

꽃술마다
불음佛音에 익은
말씀 한 마디,

한나절
향기에 젖어
마음 비우고 앉아 있다가

연못 물 보니
연꽃 옆에
웬 부처님 얼굴.

상대동

재개발 마을 상대동에
사람들은 모두 떠나가고
공회당 마당에서
참새들만 농성하고 있다.

서둘러 떠난
빈 집 화단에는
황매화, 수국 꽃나무
꽃망울들이 여물고 있다.

참새들은 알고 있지.
이 마을엔 봄이 오지 않는다는 걸

피멍 든 외침만 각혈처럼 떠올라
노을 진 하늘 속으로 빨려들고 있다.

남가섭암

사바세계 신음소리
가장 잘 보이는 산성 위에
남가섭암

상수리나무 잎 스쳐가는
푸른 바람에
목탁소리를 실어 보내 다독여주고

천수경 자락에 묻은
뻐꾸기 소리
한 모금에도

적막을 못 견디어
제 살 비비는
억새풀 하나

봄비 오는 날

빗소리에
한 사람 목 맨 부음이 묻어오고

매화꽃은
한 봉오리씩
겨울 떨치고 피어나는데

힘들지 않은 사람
어디 있으랴.

3월의 눈발들이 핏기 잃은 가지마다
날선 눈꽃으로
숨을 막아도

멍든 아픔 삭혀
꽃등 환하게 일어서는 매화

아프지 않은 사람
어디 있으랴.

제2부

사랑의 담채화

봄의 들판에서

초록빛 숨결 움터오는
봄의 들판에 서면

굳게 동여매진 사랑의 매듭이
풀릴 것 같아

내 눈빛이
당신의 마음에
냉이 맛으로 전해질 수 있다면

꽁꽁 얼어붙은
당신의 겨울에
작은 제비꽃 한 송이 피울 수 없으랴.

부부

나는 언제나
마음의 반을 접어서
아내의 마음 갈피에
끼워놓고 산다.

더듬이처럼 사랑의 촉수를 뻗어
심층 깊은 곳에 숨겨진
한숨의 솜털마저 탐지해 내고
아내의 겨울을 지운다.

어깨동무하고 걸어오면서
아내가 발 틀리면
내가 발을 맞추고
내가 넘어지면 아내가 일으켜주고

천둥 한 번 울지 않은
우리들의 서른다섯 해
사랑하고 살기만도 부족한 삶에
미워할 새가 어디 있으랴.

산나리꽃 당신

아내의 마음은
산나리 꽃빛이다.
한 줄기 가녀린 몸 위에
햇살 웃음 피워 놓고
언제나 집안을 환하게 밝혀주는.

아내의 눈동자는
하늘 담은 옹달샘이다.
때로는 내 마음에 티끌 일어나면
꽃구름으로 피어나서
따뜻하게 감싸주는.

아내여
당신은 내 일상日常의 숲을 지켜주는
키 큰 산나리 꽃이다.

하루 종일 동동거리는
당신의 발걸음을 보며
다시 태어나도 당신 곁에 서서
거센 바람 막아주는 나무이고 싶다.

난꽃과 아내

난향蘭香은
있는 듯 없는 듯 그윽하다.
창틀 위에 난초꽃 한 송이만 피어있어도
온 집안 비었어도 가득하다.

아내는
있는 듯 없는 듯 따뜻하다.
주방 도마에 칼 소리만 또각거려도
온 집안 비었어도 가득하다.

대보름달

껍질을 깎을 것도 없이
날 시린 바람의 칼로 한 소각 살라 내어
아내의 생일상에 올려놓고 싶다.

한 점 베어 물면
용암처럼 뜨겁고 상큼한 과즙果汁이 솟아나리.

이순의 문턱에서
검버섯으로 피어난 속앓이를 씻어줄
대보름달 같은 웃음을 보고 싶다.

아버지의 길

때로는 길이 아니라도
가야할 때가 있다.

아이들의 앞길을 닦아주기 위해서는
맨발로 고개를
넘어야 할 때가 있다.

한 잔 술로
고뇌의 구름 지우고
얼굴엔 늘 밝은 햇살을 거느려야 한다.

아무리 걱정을 해도
마음이 다다르지 못할 때가 있다.
그믐의 어둠처럼
세상이 막막할 때가 있다.

아이들의 종아리에 새겨지는
눈금만큼
가슴 속에 회초리 자국 피멍으로 새겨 넣고

때로는 울고 싶어도
돌아서서
눈물을 말려야할 때가 있다.

청년青年

청년은 스무 살 안팎 나이의
사내를 이르는 말이 아니다

모진 바람 앞에서도
초목처럼 싱싱한 꿈을 접지 않으며
한 번 발걸음 내딛으면
절대로 멈추지 않는 사람이다

너희들이 반짝이는 별을 바라보며
이만큼 와서
한 자락 남은 삶의 비탈이 가파르다고
숨을 헐떡이며 쉬려 하느냐

잠은 달콤하지만
아침에 일어나 바라보면
네 옆을 걷던 사람들은 까마득히
뒷모습도 보이지 않아
길은 거기서 끊어지고

뒤돌아보는 발자국엔
아프게 달려온 고통의 흔적 헛되이 남아

아물지 않은 상처 화석으로 굳을 것이다

조금만 더 걸어라
가시덤불 우거져 지금은 보이지 않지만
너희들의 정상은
하늘과 어우러져 저 위에서 빛나고 있나니,

세월은 누구에게나
같은 속도로 흘러가더라도
멈추지 않는 사람의 가슴에
더 많이 고일 것이다

조금만 조금만 더 걸어라
고개는 거의 끝나 가는데
지친 발길 이제 그만 세우려느냐?

청년은 스무 살 안팎의
남자를 가리키는 말이 아니다
어떤 고난에도 쓰러지지 않고
헤쳐 가는 사람의 이름이다

누님의 수틀

누님이 두고 간 빈 수틀을
다락방 구석에서
오십 년 지나 찾아냈는데
누님이 수놓았던 꿈밭 머리에
내 꿈도 얼룩처럼 피어 있었다.
봄나물 향기 캐던 골짜기에는
첫사랑의 산수유꽃 벌고 있었고,
모깃불 향기 안개처럼 흐르던 밤
지천으로 반짝이던 개구리 울음은
별이 되려 반딧불로 솟아올랐다.
누님이 수놓았던 십자수 속에
회재 고개 너머로만 한없이 뻗어가던
그리움의 바람도 불고 있었고,
끼니를 걱정하던 어머니의 눈망울과
몇 방울의 내 눈물 쑥대풀로 키워주던
구성진 소쩍새 울음 깨어나고 있었다.
누님이 두고 간 빈 수틀엔
비어서 더 가득한 내 어린날이
색실보다 더 고운 내 이야기들이
보석처럼 반짝이며 살아나고 있었다.

첫사랑

첫사랑은 늘
누런 코 훌쩍이던 일곱 살
코찔찔이 시절에 온다.
삘기를 뽑아도
찔레를 꺾어도
엄마 얼굴보다 먼저 아른거리던
마을 누나의 얼굴은
매운 세월의 바람 속에
덧없이 시들었다가
인생이 저무는 예순 살 무렵
어느 깊은 산사에서 목탁을 두드리는
슬픈 전설을 만나면
아픈 옹이처럼 심박혀
움츠러들었던 그 어린 날 진달래꽃은
불길처럼 피어나
온 산을 물들이라 한다.
모든 것을 빨아먹는
늪인 줄 알면서도
온몸을 던져서 투신하라 한다.

어느 가을 날

회초리를 놓고서
국화꽃을 들고 간다.
아이들 웃음소리가
하늘빛을 닮은 가을날에

교실 구석엔
아직도 오지 못한 한 아이의 자리
어둠에 묻혀 있고

일찍 들어선 겨울이
군데군데 눈처럼 쌓여
그림자를 만드는데

땡감 맛 논설문을 배울
교과서는 덮어놓자.
꽃물 번져가는 교정의 나무들 꿈꾸는
무지개 빛깔 시 한 수 읊어보자.

국화 향 은은한
시로 닦아낼 수 있는 그늘이
아주 작더라도

한 발짝 먼저 나가지 않으면
어떠리.
아이들 마음이 풍선으로 떠올라서
하늘에 닿을 수 있으면 그만이지…….

재회再會의 밤에

보리암 앞 바다는
나를 보고
온 몸을 꿈틀거렸다.

수줍은 노을이
바다의 볼에
연지를 찍었다.

두 팔을 활짝 벌리고
우르르 우르르
함성으로 달려들었다.

밤꽃 냄새가
온 바다를 덮었다.

초승달로 몸을 담그고
경련하는 바다의 몸속에 한 가닥씩
월광을 토해 내었다.

취설吹雪

마을에서 벗어나 산 쪽으로 올라가는 길가에 섬처럼 조그만 집 하나 있습니다. 비어있는 도화지처럼 온 세상은 눈 덮여 하얗고, 길 끊어진 이웃은 십리보다 멉니다. 눈보라가 파도처럼 넘실거립니다. 울타리가 지워지고, 사립문이 지워지고, 위태롭게 서 있던 작은 집도 붓질 한 번에 지워집니다. 온 세상이 지워진 도화지 위에 등대인가요, 장밋빛 불빛 비친 창문만 화안합니다.

세월이 머리위에 눈빛으로 앉은 할머니는 저녁 상 위에 모주 한 병을 올려놓습니다. 참나무 울타리로 으르렁 으르렁 눈보라가 지나가는데, 상관없지요. 할머니, 할아버지 부딪치는 잔에는 홍이 익어 얼굴은 먹오디 빛입니다. 할아버지는 추억의 갈피 속에서 가장 정다운 콧노래 뽑아내어 흥얼거리고, 할머니의 몸은 조금씩 흔들립니다. 타지로 나간 자식들 목소리 기다리다 수화기 위엔 뿌옇게 먼지가 쌓였지만, 신명이 물오른 할아버지 눈가엔 섬처럼 외로운 외딴집 겨울밤도 할머니 하나 있어 향연饗宴입니다. 세상으로 나가는 길마다 가려주는 취설吹雪도 포근한 수막繡幕입니다.

기다림

연초록 그늘에서
4월 아니 잊고 왔다고
꾀꼬리 호들갑스레 울었다.

꾀꼬리 울음에
온 산 무너지듯
날리는 송홧가루.

하루 종일
내 마음으로 올라오는
저 아래 산길

철 늦은
아지랑이
구름 그림자만 아른거렸다.

가시

숨기다가 숨기다가
무심코 튀어나온
아내의 볼멘소리처럼

수줍게 고갤 내민 탱자나무 새순에
저 부드럽고 뾰족한
가시
하나

민들레 편지

오늘 밤 띄워 보내는
홀씨 한 올엔
전화로 드릴 수 없는
내 사랑 진액만 담았습니다.

달빛 파도 타고
날고 날아서
두견새 각혈처럼
그대 창문 두드릴까요?

밤새 뒤척이는
그대의 꿈밭 머리에
어둠 깎아 빛을 세우는
까치 소리 한 소절 싹틔우고 싶어

지난겨울 눈보라에
씻고 씻어서
남모르는 담 밑에서
몰래 키운 마음 한 포기

뿌리 떼고 줄기 떼고
향기마저 걸러내고
꽃 중에도 가장 간절한
심장만 보냈습니다.

교사의 푸념

아침에 교문을 들어설 때에
"안녕하세요?"
인사 한 마디에 꽃등처럼 환해지는
하루의 예감

아이들 웃음을 마시며 사는
나의 예순은
아버지의 예순보다 이십 년은 아름답다.

어느 화단에 가면
우리 아이들보다
더 빛나는 꽃이 있으랴.

"이놈들!"
소리를 벼락같이 지르며 위엄을 부려 봐도
까르르 웃는 아이들 웃음에
결국은 허물어지는 내 안의 성城

울타리 밖에 빙벽을 철판처럼 세우고도
가슴 속엔 불꽃을 심어 키우며

"선생님, 아파요."
얼굴만 찡그려도 가슴이 덜컥하는
나는 천생 선생인가보다.

따뜻한 가을

아파트 안 도로를 차로 달리다가
다리 다친 비둘기 가족을 만나면
숨을 죽이고 가만히 선다.

경적을 울리면
아기 비둘기 놀랄까봐…….

산을 오르다가
허리 구부러져 누운 들국화를 보면
발을 멈추고 튼튼한 이웃에 기대어 준다.

가벼운 바람에도
몇 번이나 뒤돌아본다.

잠시만 눈을 감고
생각해보면
내 따스한 마음 머물 자리가 얼마나 많은가.

조그마한 나의 온기가
다리가 되고, 날개가 되고
숨결이 되어줄 사람 얼마나 많은가.

단풍잎 붉은 기운이
핏줄을 타고 들어온다.
바람은 차도 가을은 따뜻하다.

모정

포수의 번득이는
눈빛 아래서
아기 고라니 한 마리
무너졌다.

잦아드는 숨결
그 곁에서
피어날 진달래꽃은
사정없이 피었다.

메에에… 메에에…….
애잔한 울음 하나
핏빛 꽃길 따라 흘러갔다.

열두 발짝 산등성이
넘어 산그늘
어미 고라니도 죽어있었다.

창자 열 두 토막
끊어진 채로…….

제3부

산 따라 물 따라

독도 1

외로움도 깊어지면 담청 빛
눈물로 고여
속울음 가슴앓이 뼈만 남은 팔뚝에

동풍에 넋을 갈아 깃발로 세운
엄마엄마 울던 아이 풍랑이 혼자 키운

국토의
막내야
해당화 한 송이도 못 피우는 작은 가슴에
무에 그리 한없이 담은 게 많아

오늘도 눈 부릅뜨고
잠 못 이루나

독도 2

고국에서 불어온 바람결에
작은 씨앗 몇 개 묻어와
갯패랭이 땅채송화
붙안고 산다.

괭이갈매기도 한사코
모국어로 운다.

쓰시마 열도 휘돌아온
파도여!

두드리고 두드려서
온몸 깎여 뼈만 남아도
멍 하나 지울 틈이 없다.

지킬 것이 많아서
나는 가라앉을 수 없다.

독도 3

눈을 뜨고 잔다.

파도에 갈리어
반달만큼 남았어도

대양을 막아선
저 완강한 등…….

마곡사麻谷寺에서 2

저녁 범종梵鐘소리가
사바세계로 건너갑니다.
종신鐘身을 들어 올린 용누龍紐의
용음龍音으로 일어서서
오층석탑 가슴 언저리를
한 바퀴 돌고
잠든 풍경風磬소릴 깨워 어깨동무를 합니다.
대광보전으로 날아들어
부처님 입가에 떠도는
미소를 조금 퍼 담아
칠채 빛 소리로 극락교를 건넙니다.
천왕문을 지나
해탈문을 나설 때
저녁 예불 범창梵唱소리 따라 나섭니다.
모든 소리들이 숨을 죽입니다.
이제 저 부처님의 손길이
태화산 솔바람에 기척을 숨기고
지친 사람들의 처마 밑으로 스며들겠지요.
마음속에 칼을 품은 사람은
칼을 내려놓고,
삼화三火에 떠는 사람들도

번뇌를 내려놓을 것입니다.
욕계欲界의 황혼이 정결한 어둠에 가라앉고
다시 어둠을 쓸어내듯
맑게 씻긴 하늘에 연등처럼 초승달이 떠오릅니다.
청명淸明의 숨결이 연둣빛 생명으로 어리는
벚나무 곁에
나는 조그만 돌부처로 서 있습니다.
범종소리의 여운이 사라지지 않는 동안은
반쯤 깨어져도 천 년을 지워지지 않는
돌부처의 미소를 연꽃처럼 피운 그대로…….

대청호

그 자리에 가면 언제나
네가 있어서 좋다.

초파일 무렵 긴 가뭄으로
사랑이 목마를 때
창백한 찔레꽃 하나 가슴에 품고
병든 처녀같이도 거기 있어서 좋다.

내 삶의 옥타브가
너무도 길고 지루할 때
작은 물결 파랑을 일으켜
언제나 비질하며 제 몸을 닦는 노래여!

나는 물을 마시는 것이 아니다.
언제나 새로운 소용돌이
네 노래의 향기를 마신다.

대청호에 가면
물들이 끊임없이 뒤척이며
속삭이는 소리를 들을 수 있다.

오늘은 네가 품은 산등성이
초록의 바다에 몸을 닦그고

단풍, 핏빛으로 익은 가을 저녁 무렵
젖어서 뜨거운
네 몸의 저녁놀로
내일의 내 삶에 모닥불을 피운다.

동학사 가는 길

산문에 다다르기 전에
범종 소리 먼저
마중을 나온다.

새벽
산길
맑게 쓸면서 내려온다.

마음을 닦는다는 것은
가끔은
석간수 한 모금으로도 이루어지는 것,

들리는 새소리에
초록빛이 떠돌아
구부러진 나무도 가지런한 산.

계곡 물소리 한사코
낮은 곳으로 흘러내리는데
한 발짝씩 나는
높은 곳으로 올라간다.

아침 해가 뜨면
햇살이 가장 밝게 고이는 곳….

동학사 가는 길에는
항시
몸보다 마음이 먼저 올라
부처님 입가에 어린 미소를 배운다.

구봉산九峰山 단풍

한숨 턱에 닿아
요 봉우리만 올라가야지
생각했다가도

하늘 물살에 머리 젖을 만큼
올라가면
더 아름다운 산봉이 눈에 밟힌다.

암봉岩峰을 불태우려고, 가을은
구봉산에 와서 폭죽을 터뜨렸다.

산불 놓아 산기슭을 달려 오르다
바위틈마다 기대어 서서
단풍으로 익었다.

아! 붉은 치맛자락 포기마다
펼쳐진
자연의 붓질,

뜨거운 몸을 식혀주려고
구봉산 휘돌아 흐르는 갑천도

넋 잃고 있다.

투신하는 산 그림자
차곡차곡
가슴에 품어 안고 있다.

연꽃 마을에서

도심都心에서 날 선 사람들도
연꽃 마을에 와선 눈빛이 지순해 진다.

아침 해 떠오를 무렵
연꽃이 피면
연꽃 향기 찻잔에 담아 마시고

뻐꾸기 울음 너머 속 숨결에 번져오는
대청호 물비늘
연꽃 그림자

반갑게 내미는 손길에
봄볕 같은 정이 담겨 있어서
미소가 향기로운 연꽃마을 사람들은

연 옆에 서 있으면
그냥 연꽃이 된다.

대청호에서 건너오는 바람들도
연꽃 마을에 와서
연향蓮香에 몸을 씻는다.

나도 마음 닦으러 대청호로 가다
이 마을에 들러
도심都心에 찌든 얼룩 지우고 돌아온다.

내가 만일 바람이라면

내가 만일 바람이라면
사비성 그 마을에 와선
더 오래 머무르겠네.

왕궁 터 부서진 기와 조각
부서져도 지워지지 않는
백제의 미소 위를 어른거리다가

궁남지 연꽃 속에 향기로 머무는
서동의 숨결 속에
녹아들겠네.

백마강 큰 가슴이 달을 품는 밤
고란사 종소리 실어
잠 못 드는 사람들 베갯머리로 보내주고

낙화암 절벽 위에
한 잎씩 떨어지는 진달래꽃잎
삼천궁녀의 짙붉은 흐느낌을 보겠네.

내가 만일 바람이라면
사비의 하늘 오래오래 떠돌다가
아무데도 가지 않겠네.

부소산성 돌 틈마다 눈물로 돋아
천 년의 세월을 외치고 있는
돌이끼에 초록으로 앉아 역사가 되겠네.

논산의 하루

논산에 와서
하루만 살아 보게.

새벽은
은진 미륵불 입가에 번지는
미소로부터 열리고

금강에서 일어선 역사의 바람들은
득안땅을 아우르다가
노성산성에 와서 돌이끼가 되네.

점심 녘 논두렁길 걷다가
들판처럼 가슴 넓은 사람들과
막걸리 한 잔 나눠 마시게.

구수한 입담 속에 햇살처럼
번득이며
핏줄로 이어오는 호국의 정신.

논산의 저녁은

황산벌에 떨어진 꽃다운 원혼들 두런대는
풀꽃 그늘로 진다네.

보문산 녹음

진녹색 함성이다.

그 함성에 몸을 담그면
나도 나무가 된다.

은행동에서 일어난 바람이
술래가 되어
나를 찾으러 왔다가

내쉬는 내 숨결에
초록빛이 떠돌아
두리번대다 돌아갔다.

보문산 녹음은 너무 커서
모든 것을 품을 수 있다.

산새소리 한 모금에도
귀를 열 줄 아는 사람은
산그늘 속에 녹아 모두 녹음이 된다.

일출봉에서

— 제주 詩抄 1

가슴에 담아 가면 됐지
사진은 찍어 무엇 하나

성산포는 느긋하게
누워있고
일출봉은 할 말을 참고 있다.

파도 소리는 무슨 색깔일까
술에 취하여 바다를 보면
속앓이로 끊임없이 뒤척이는
바다의 마음이 투명하게 보인다.

아이들 따라
일출봉에 왔다가
나는 바다와 속이 틔어 친구가 되었다.

외돌개

— 제주 詩抄 2

누군가 환청처럼 부르는
소리를 따라
서귀포 칠십 리 해안선 길을 걷다가

기다림으로
하반신이 닳아버린
외돌개, 그 처절한 외로움을 만나다.

삶이 때로는
슬픈 무늬로 아롱질 때도 있지만
동터오는 아침 햇살로 반짝 갤 때도 있으련만

외돌개야!
빠지다 만 몇 올 머리카락 신열처럼
바람에 흩날리며,

주름진 피부 골골마다
소금기로 엉겨 녹지 않는
진한 통증을 안고

먼 바다를 응시하는 눈망울엔
아직도 무지개처럼 영롱한
꿈이 어렸다.

외로움을 보석처럼 깎고 다듬어
메마른 가슴에
해당화 한 송이 피울 날을 기다리며

갈매기 소리에도 귀를 막고
혼신의 힘을 다해 파도 소리로 부서지는
할머니 옆에

나도, 문득
자리를 펴고
하나의 돌이 되고 싶었다.

소래포구

물 빠진 진흙 뻘엔
뿌리까지 다 드러낸 작은 목선들이
오후의 햇살 아래 낮잠을 자고

포구를 가로질러
있는 듯 없는 듯
실처럼 가느다란 철교가 하나.

소금기 머금은 바람에
머리카락 휘날리며
오이도 가는 길을 걸으면

술 한 잔에 담아 마시는
소래포구 옛이야기 한 조각으로
가을처럼 발갛게 취할 것 같다.

아침이면 젓갈 팔러
수인선 타고 떠나던 사람들아
어물전 넘어 선술집에
눈물 젖은 푸념만 가득 남았구나.

냉구산 노루목 장도포대엔
바다를 향해 절규처럼
노을이 날린다.

소나기 마을에서

가을 햇살이 눈부시어
산새 소리 몇 모금으로
목을 축이고

목넘이고개 올라가 보면

아련한 사랑 이야기
노란 마타리 꽃잎으로 피어난
거기 소나기 마을 그림처럼 있네.

눈 씻고 찾아봐도
소녀는 없고

순원의 유택 앞에 가만히 서니
인생이여!
삶은 무지개 빛 향기 같은 것,

수숫대 엮어 만든 초막 속에
쪼그려 앉아

하루에도 몇 번씩 소나기로 씻이낸
맑아서 눈물 나는
사랑으로 살고 싶어라.

만허제滿虛齋에서

옷깃에 묻어 온 속세의
근심 몇 올이
아침 햇살에 안개처럼 풀리고
힘들여 벗지 않아도
때처럼 벗겨진 욕심慾心 말갛게 씻겨
풀꽃으로 피어나는 만허제滿虛齋에서 보면
저기 보이지 않는
허공虛空에
무슨 울타리라도 있는 것일까!
마을에서 산 따라 조금 들어왔을 뿐인데
모든 소리들이 걸러지고 닦여져서
딴 세상 같은 고요…….
수간교秀澗橋를 건너다
문득 들리지 않는 소리에
귀를 기울이면
무성산은
산의 커다란 마음을 조금씩 녹여
만허폭滿虛瀑으로 흘려보내서
천둥 같은 소리로 노래할 때나
가는 한숨으로

잦아들 때나
인생의
차고 비움도 만허제滿虛齋에 서면
폭포 소리에 녹아
물안개로 떠돌아라.

동해 기행

서른한 해 만에 나는
아내를 새로 사귀었다.

긴 머리만 보아도
가슴 떨리던
봄날 풀빛 같던 사랑은 흐려지고
손잡고 긴 세월의 강을 건너는 동안
아내는 사라지고
엄마만 남아
가슴 속 모닥불은 점점 꺼져가고 있었다.

우리의 여행은
목적지가 따로 없었다.
감포 대왕암에서 처음 바다에 반해
한사코 바다와 떨어지지 않으려고
마을길 산길로만 차를 몰았다.

이름 모를 고개 마루에서 울렁거리는
바다를 보며
나는 문득 아내 얼굴의 작은 실금에서
동해의 물이랑을 보았다.

발맞추어 어깨동무로 걸어오면서
무심한 내 눈빛에 상처 받고
가라앉은
처녀 적 열정을 일으켜 세워주는
동해의 바람소리를 들었다.
바다의 젊음은
세월의 창날에도 찢기지 않는 것이냐?
포효하며 달려드는 파도의 근육마다
알알이 일어서는 원시의 힘줄

방파제가 있는 조그만 횟집에서
소주 한 잔에 타서 풍랑을 마시면
바다를 못 다 물들인 금빛 햇살이
세월을 거슬러
처녀 적 회오리바람으로 일어서서
서른한 해 만에 나는
아내를 새로 사귀었다.

서해

돌을 닦는다.
기름 속에 묻혀있던 이야기들이
햇살 아래 드러난다.

속 빈 조개껍데기와
검은 기름에 찌든 미역 속에 배어있는
어부의 눈물

세월이 갈수록 씻어지지 않는
바위 같은 슬픔이 여기 있다.

눈이 내려서 백사장에 쌓여도
덮어도 덮어지지 않는
저 긴 해안선 위의 절망

기름 물로 목욕한 갈매기들은
날아오르다
지쳐서 쓰러지고

하얗게 배를 드러낸 물고기
물고기의 살밑으로 스며드는

저 짙은 어둠

파도는 오늘도
시퍼렇게 날을 세우고
서해의 신음을 닦아내고 있다.

캘리포니아의 꿈

지금도 우리는 잊을 수 없네.
캘리포니아의 끝없이 넓은 가슴과
눈빛 마주치면 환하게 웃어주던
그곳 사람들의 다정한 마음을…….

샌프란시스코 만灣을 따라 돌며
민둥산을 볼 때만 해도
초록빛 연봉連峰이 윤기 나는 바람에 펄럭이는
우리 금수강산錦繡江山에는 견줄 수 없었지.

롬바르트 언덕에 올라
정갈하게 꾸며진 도시를 바라보거나
요세미티 공원에서
웅장한 산세에 압도되었을 때 우리는 예견豫見했었지.

하루 종일 달려도 끝이 안 보이는
캘리포니아의 대 농장 지대
윤기 나는 열매가 태양에 익어가는
아몬드 밭과 포도밭 그 광막한 들판을.

사막을 막고 선 굴강한 사나이의 팔뚝
씨에라네바다 산맥의 발끝을 지나
모하비 사막으로 들어서면
세상은 참으로 넓고 광막하구나.

사막을 꿰뚫고 달리는 고속도로에서
불가능을 일궈가는 굵은 땀방울을 보았네.
서두르지 않고 죽은 땅을 살려 가는
콜로라도 강물 같은 끈기를 보았네.

부에나 파크 하이스쿨, 스탠포드 대학의
캠퍼스에서 우리는 꿈꾸었지.
저 넓고, 웅장한 캘리포니아, 사나이의 강인한 힘을
우리 아이들 심장 속에 심어주는 꿈을…….

원가계

봉우리마다 구름이 너울처럼
산의 얼굴을 가려주고
골짜기마다 안개는 나삼羅衫이 되어
산의 알몸을 가려주네.

기봉奇峰은 날아서
학이 되고
폭포瀑布는 떨어져
은하수가 되네.

옛날에 신선도神仙圖를 보고
관념 속에서나 볼 수 있는
세상이라 생각했더니
원가계에 와서 보니
그림이 오히려 산수를 다 그리지 못하였네.

폭포 소리 녹아
솔향 더욱 그윽한 곳에서
술 한 잔 기울이면
속진俗塵이 말갛게 씻겨
나도 신선이 되리.

제4부

엉겅퀴꽃의 노래

맹인盲人의 그림 보기

햇살 가득한 날도
가슴에 늘
장맛비를 안고 사는 사람

개나리꽃
피거나 말거나
맹인盲人 지팡이 짚고 미술 전시회 가네.

산수도山水圖 앞에 삐딱하게 서서
고개를 끄덕이면
순간, 실내는 뒤집어지네.

하나를 보면
하나밖에 모르는 놈들
맹인은 산수도에서 우주를 보네.

앞을 못 보아서
더 큰 세상을 보네.

엉겅퀴 꽃의 노래

내가 어쩌다
화단 구석에 뿌리를 틀고 앉으면
사람들은 나를 뽑아내려 한다.
자주색 미소
꽃잎에 아롱아롱 피워 올려도
울음보다 못한 내 웃음을 뽑아
풀 더미 속에 던져 넣는다.
나는 못난이 꽃
화단 전체를 빛나게 하지는 못한다.
그러나 나는
내 주위의 모든 꽃들을 빛나게 한다.
땅바닥으로만 기어 다니는
채송화 꽃 가난한 속삭임을 돋보이게 하고
시들어 가는 봉숭아 꽃 몇 송이도
등불처럼
찬란하게
한다.
나는 어둠이다.
보이지 않는 곳으로 끝없이 가라앉아
해저처럼 깊은 가슴에서 불꽃을 피워 올리는
어둠이다.

내 작은 한숨의 줄기를 밟고 일어서는
빛부신 아침을 보며
분노의 가시 창날처럼 세워 편견 넘실대는
세상을 찔러봐도
분수처럼 솟아나는 건 내 안의 피
내일은 미라가 되어
햇볕 아래 말라갈 지라도
꽃잎을 세운다.
자주빛 작은 소망을 세운다.

세차를 하며

타이어를 닦는다.
물줄기 돋워 배설을 하듯
폭포처럼 힘차게 뿌린다.

진흙이 씻겨 나가고
구석구석 배어든 지난겨울의 잔재殘在
염화칼슘의 독기마저 흔적없이 지워지고

마지막
내 의식에 잠재潛在된
고양이 비명소릴 씻는다.

떡칠하듯 세제를 발라
솔로 박박 문질러도
어느 저녁 어스름 무심코 깔아버린
고양이의 단말마斷末魔

피나도록 피나도록
타이어를 문지르며
서툰 주문呪文을 외어봐도

자동차 바큇살에 묻어 끝까지
따라올 것 같은 예감
야옹!
야—아옹…….

중추절 하루

추석빔을 입어야
발걸음에 신이 났다.

아버지를 따라
장다리골 할아버지 댁에
차례 지내러 가는 아침

뒤뜰 벌판 황금빛 물결 밟고 오는
바람만 보아도
배가 불렀다.

제사보다 잿밥에 정신이 팔려
넋 놓고 서 있다가
아랫말 당숙에게 꿀밤 맞고
눈물 찔끔 흘리며 보는 제사상에는

에헴 하고 앉아 계실
할아버지 할머니보다
사과, 배, 대추, 감이 먼저 보였다.

골목길 울리는 풍악소리 신나게 따라다니다 보면
어느새
부엉이 울음소리가 동편 산마루에 둥근 달을 불러올리던
어린 날의 꿈같던 하루

모든 날이 한가위만 같았으면……
도회의 잿빛 하늘, 이순이 넘은 나이에도
중추절 아침이면 어깨춤 절로 난다.

아파트 까치

늦은 아침
아이들 놀이터 벚나무 위에서
까치가 요란스레 울고 있다.

아파트 문은 모두 닫혀있고
유치원도 못 갈 어린애 혼자 들다가
모래만 뿌리고 심심해서 돌아갔다.

맑은 아침 햇살 물고 와
자랑스럽게 울고 있는 까치야
우리 마을엔 네 울음에
귀 기울이는 사람 아무도 없다.

생활에 쫓기는 도회지 사람들에겐
반가운 사람이란 아예 없는데
반가운 손님 온다고 아무리 울어봐라.

한나절 소식 전하다 지쳐
비둘기들 사이에 섞여 모이나 주워 먹다
자동차 경적에 놀라 비명처럼 쫓겨가는

비둘기의 날개 너머로
너무도 눈시린 가을…….

핑크빛 천사

— 충남대학교병원 중환자실 간호사를 찬양하며

끝없이 타오르는 그대들의 기도가
밤새워 지키고 있는 모니터에는
깜박거리는 생명들이
수없이 매달려 있다.
출렁거리던 선들이
일직선으로 무너질 때에
그대들 가슴으로 모여들던
그 긴 겨울밤의 어둠,
하얀 국화꽃을 내려놓던
아픔의 역사도 함께 매달려 있다.
생명의 불꽃 하나를 가꾸기 위해
모두 잠든 새벽에 별처럼 깨어나서
가래를 닦는다.
그르렁거리는 목 너머에서
연약한 생명은 자꾸 꺼지려 하고
지탱하던 팔뚝에서는 힘이 빠지는데,
밤늦게 수술을 마치고 들어온
한 노인의 끝없는 욕설에도
그대들의 얼굴에 환하게 피어있는
연꽃 같은 미소여!

온 세상 가장 밝은 빛만을 모아 밝혀놓은
꺼지지 않는 생명의 등불이여!
난파難破한 목숨들이 널려있는
황량한 중환자실
외로운 망루를 지키고 있는, 그대들은
핑크빛 천사!

붉은 산

된서리 쏟아진 아침
시루봉 정상頂上에
몇 잎 붉은 물 번지더니

무심히 방관傍觀하는 사이
온 산이 불타듯
단풍으로 점령占領되어 버렸다.

초록의 살밑에 초록인 듯
초록인 듯
한여름 숨어 살다가

때로는 초록보다 더 진한
진초록으로 위장僞裝하고 있다가

칼바람 하나 입에 물고
순식간에 온 산을 지배支配하는
빛의 반란反亂!

사람들은 알지 못하지.
단풍에 취해 넋을 잃고 살다 보면

겨울이 온다는 것을,

혹독酷毒한 눈보라가
온 산을 뒤덮는다는 것을.

버려진 그릇

— 도천 선생 그릇 무덤에서

바늘 자국만한 흠 하나로도
나는 온전한 그릇으로 설 수 없었다.

삼천 도의 불가마에서
온 몸이 익어가는 통증 속에서도
다향으로 목 축일
작은 꿈 하나 있어 정신을 놓지 않았다.

가마를 나와 탯줄도 자르기 전에
눈 뜨고 응아 한 번 울지 못한 채
산산이 부서져 무덤에 버려졌다.

찻물 한 모금 담아보지 못하고
그릇도 아니고 흙도 아닌
제 살 조각도 맞출 수 없는 존재가 되어.

사람들은 지나가며
안쓰런 눈으로 바라본다.

지나가는 사람들 뒷모습에
밤하늘의 별처럼 반짝이는

수많은 흠들

저 많은 흠을 두르고
어찌 사람이라고 살아가나?

아, 하느님은
도공보다 너그럽다.

풀의 나라

풀이 일어나서
메마른 땅을 푸르게 덮는다

뿌리끼리 서로 손을 맞잡아
땅 속의 모든 자양분을
빨아올리고

덩굴의 촉수를 감아 올려
나무도
꽃도
목을 조른다.

풀만 남은 풀의 나라엔
하늘 향한 발돋움이 없다.

풀잎끼리 팔 벌려
옆으로만 힘을 겨루며
한 뼘 더 뻗으려는
아우성만 있다.

망초 꽃

망초 꽃도
모여서 피니
온 밭둑이 화안하데…….

가느다란 대궁들이 하나씩
서로의 아픔을 채워
혼자 있을 때 드러나지 않던
작은 꽃빛들을 싹틔우고,
등 기댄 채 어느 달 없는 밤
한 목소리로 날 세워 개화함이여!

망초 꽃도
모여서 피니
온 세상이 화안하데.

유리창을 닦으며

아파트 유리창을 닦는다.
골짜기마다 감추고 있는 보문산의 비밀이
가까이 다가온다.

산밑 낮으막한 등성이에서
불꽃을 피워 올려
산벚꽃 연분홍으로 슬금슬금 기어 올라가
온 산을 덮는 봄날의 환희와

비온 날 아침 떡시루를 찌듯
뭉게뭉게 일어나는 골안개로 온 몸을 가렸다가
한 줄기 햇살로 맨살 드러내어
진초록 함성 하늘 향해 이글거리는 여름날의 열정,

늦여름 초록의 밑둥에서 조금씩 배어나와
색색으로 물들였던 산의 간절한 이야기 떨어지고
나무 가지마다 침묵으로 앙상한
저 가을날의 고독

시루봉 이마 하얀 눈으로 덮이고
골짜기로 내려오면서 조금씩 엷어졌다가

어느새 수묵의 함초롬한 자세로 식어있는
겨울날의 허무

유리창을 닦는다.
집안 가득 보문산을 들여놓는다.

조弔 숭례문

유세차
무자 2월 신사 삭
오, 애재라
불꽃 속에 사라진 숭례문이여

미명의 새벽 서울 하늘
붉게 물들인 화광이
사람들의 새벽 꿈밭을 불태울 무렵

나는 들었지.
우리의 내면으로부터
가장 소중한 것이 무너지는 소리를

숭례문이여!
육백년 넘게 우리를 지켜온
너는 역사의 증인.

임진왜란도 병자호란도
비껴서 갔다네.

일본 놈도 떼놈도
고갤 돌리고 갔나네.

남들도 우러러 피해간
성스러운 가슴에
우리 스스로 불을 놓았구나.
민족의 얼을 살라 버렸구나.

이제 다시 옛 모습 다시 세운다 해도
수많은 세월 지켜본 네 기억
사라진 역사는 어이할이거나.

파계破戒

암자庵子들은 도심都心으로 내려오고
부처님 말씀은 그냥 산에 남아있다.

목탁을 쳐봐야
자동차 소리에 가로막히고
불경佛經을 외워봐야
아무런 울림이 없다.

어제 밤 몰래 먹은 한 잔 술에 취해
아침 예불禮佛도 거른 저 스님아
얻은 것은 풍요豊饒를 얻었지만
잃은 것은 도道를 잃었구나.

산이 되기 위해

관음봉
꼭대기에 올랐다.
사랑, 미움 구름으로 날린다.

산 아래 마을에서
재어보던 그만큼
하늘은 더 높아졌지만

산 위에 다섯 자 반쯤
키를 보탰으면
입 다물고 산이 되어야지.

이름표를 떼고
장송 옆에 서서
내 마음 아궁이에 초록 불을 지핀다.

3m

당신들의 그 새벽엔
하나님도 조상들도 아무도 없었다.
새벽 산책길, 3m 간격
그것이 삶과 죽음의 거리였다.

길 건너 도솔산이
부르는 대로
아내는 웃으며 도로로 들어서고
하늘이 무너지는 굉음과 함께
15m를 날아
아스팔트 바닥에 산산이 부서졌다.

너무도 맑아 바라보기도 아깝던
한 송이 짓이겨진 코스모스 꽃이여
피 묻은 향기는 하늘하늘 날아
먼 길을 가고

남은 사람의 앞길에
가로놓인
저 막막한 사막

새벽 산책길, 3m 간격
이승과 저승의 아득한 거리였다.

똥을 묻으며

똥을 덮는다.
낙엽을 긁어모아
내 삶의 부끄러움을 덮는다.

아무리 묻고 묻어도
지워지지 않는 냄새처럼
묻을수록 더욱 살아나는
지난 세월의 허물들

이순의 마을 가까이엔
담장을 낮추어야 한다.
감추는 것이 없어야 한다.

무더기 큰 똥일수록
햇살 아래 드러내어
바삭바삭 말려주어야 한다.

바다

바다가 어디
깊은 산골 맑은 물만 받아
저리 맑은가?

끊임없이 황하黃河를 가슴에 품고서도
씻고 또 씻어

바다는 금방 하늘을 닮는다.

변신變身

바람에는 빛깔이 없다.

빛깔이 없어
더욱 화려한 바람

오월, 상수리나무
목청을 흔들고 지나가는 바람에서는
물안개처럼 몽롱한 연둣빛 속살이
언뜻언뜻 보인다.

단풍의 옷자락을 펄럭이며
산기슭 올라가는 바람의 꽁지에서는
빛살의 창을 모두 거두고 서해로 투신하는
태양의 열정이 타오르고

겨울!
눈보라 몰고 가는 바람의 날개에서는
죽음보다 더 깊은 침묵의
하얀 정적,

빛깔이 없어
더욱 화려한 바람

바람에는 바람에는
빛깔이 없다.

스타킹

은밀한 바위 틈
뱀이 벗어놓은
긴 허물 하나,

올해는
오는 걸 잊었는가!
밤이면 별빛 새는
꾀꼬리 집에

발 벗어 못 오면
신고 오라는
별빛 뽑아 짜놓은
스타킹 하나.

제5부

세월의 유역에서

춤바위

나는
영혼의 샘물처럼
맑은 시구詩句 하나 찾아
헤매는 심마니

아무리 험한 골짜기라도
시詩의 실뿌리 한 올
묻혀 있다면 찾아갑니다.

칡넝쿨 아래 숨은 절터를 찾고
춤바위에 올라
홍겹게 춤추었던 자장율사처럼

반짝이는 한 파람
가슴을 울리는 노래에도
춤바위에 올라가 춤추는 학이 되겠습니다.

평생을 써도 다 못 쓸
산삼밭을 만나다면
끝없이 춤추다가 돌이 되겠습니다.

길

걷다 보면 길은
언젠가 끝나기 마련이네.

돌아보면 나의 길은
참으로 아름다운 길이었어.

예쁜 꽃들이 언제나
건강하게 웃어주었고

상큼한 바람들이
내가 뿌려주는 물 더 촉촉하게 적셔 주었지.

씨 뿌리고 거름 주는 일
신나는 일이었네.

나무들이 자라서 숲을 이루고
어두운 세상
한 등 한 등 밝히는 일 신나는 일이었네.

내 길이 끝나는 곳에 솔뫼가 있고
솔 꽃들아!

너희들의 향기 속에서 닻을 내리니 행복하구나.

다시 태어나도 나는
이 길을 걷고 싶네.

때로는 바람 불고 눈보라도 날렸지만
이 길은 내게 천상의 길이었네.

세월 속에서

아이들이 너무 예뻐서
세월 가는 걸
잊다가

내 신발 신발장 밖으로
밀려나는 줄도 몰랐네.

사랑싸움

사랑싸움에선
더 많이 사랑하는 사람이
더 많이 진다.

아내와의 싸움엔
내가 늘 진다.

싸움도 꽃이라면
우리 화원엔
지는 꽃 빛깔이 더 찬란하다.

심청이 연꽃으로 피어오르듯

심청이 인당수에서
꽃으로 지듯
세월호에 갇힌 넋들 꽃비 오듯 지던 날은

심 봉사 온몸으로 울던
몸부림처럼
바다도 하루 종일 웅얼거렸다.

소금보다 짠 사람들의 눈물을 모아
자다가 소스라쳐 울부짖는
애비 에미의 아픔을 모아
용왕님께 빈다면

심청이
연꽃으로 피어오르듯
한 송이씩 해말간 얼굴들
"엄마" 부르며 피어나서

진도 옆 온 바다가
온통 연꽃으로 물들어 출렁였으면 좋겠네.

오늘 아침 대한 사람들 모두
심 봉사 눈 번쩍 뜨고
손뼉 치며 일어나듯

"와!!!!!!!!"
하는 함성으로 강산이 무너졌으면 좋겠네.

생명의 선

고속도로에서
신나게 달리는 콧노래 속으로
잠자리 한 마리 날아든다.

저리가저리가저리가저리가저리가저리가저리가저리가저리가

내 비명에 부딪혀 추락하는
작은 몸뚱아리

도망가도 도망가도
유리창에 붙어 따라오는
잠자리의 단말마

유월의 초록빛 산하가
피에 젖는다.
내가 끊어놓은 생명의 선이
바람도 없는데 위잉 위잉 울고 있다.

포기원을 쓰면서

포기원을 쓰면서
걸어온 길 돌아보네.

세른 세 해 입고 있던
솜옷을 벗은 듯하네.

마음에 남은 얼룩
한숨 뱉어 지우고

푸른 깃발 내린 깃대에
무채색 깃발을 올리네.

가끔은 쉬어가며
세상 구경 하려 하네.

아이들 곁을 지키는
파수꾼이나 되려 하네.

바람개비

바람이 부는 언덕에 서서 부는 바람에
흔들리며
바람개비를 돌린다.
이순의 길목에서
반짝이던 사랑을 모아
아픔이 노을처럼 고이는
하루의 끝에 서면
어둠이 내려오는 골짜기마다
눈물로 반딧불은 날아오르고,
바람의 켜켜마다 숨은
세월歲月의 이야기로
깃발 펄럭이듯 돌아가는 바람개비.
누구에게 보내는 간절한 노래인가.
저무는 들판엔
아무도 보아주는 사람도 없고,
시간이 피었다 지는 풀숲 언저리로
이름 모를 들꽃만 고개를 내미는데
기다림의 노래가 곱게 배인
한지韓紙의 날개마다
건강한 바람
심지를 세우고

돌려도 돌아오지 않을
새벽을 기다리며
작은 날갯소리 그대 마음에
등대처럼 반짝이도록
모든 것이 비워지는 빈 들판에서
작은 것을
채워주는
바람개비를 돌린다.

〈신년 축하 시〉

염원의 파랑새를 날리기 위해서는

제야除夜의 종소리로 새해를 빚습니다.
신묘년辛卯年의 태양이
한반도의 어둠을 쓸어냅니다.

돌이켜보면
지난해의 겨울은 참으로 추웠습니다.
땅 밑에서 고동치는 봄의 온기溫氣를 불러내어
상처 입은 가슴들에
연둣빛 새살을 돋게 하소서.

포격砲擊으로 일그러진 연평도 산하와
황운黃雲이 짙게 피어오르는 국토의 골골마다
비둘기의 은빛 날개로 덮어 주시고
북녘 땅 이리들의 날 세운 발톱에
강인한 족쇄足鎖를 채워 주소서.

사람들은 모두 다
어깨동무로 걷는 법을 잊었습니다.
정치의 마을엔 상생相生의 도道가 사라지고
경제의 마을에선 공생共生의 원리도 무너졌습니다.

윤리倫理의 깃대는 부러지고, 깃발은 찢어져
신문의 칸칸마다 무서운 이야기로 가득합니다.
끼니를 걱정하던 60년대부터
정신없이 앞만 보고 달려온 결과입니다.

온 세계의 하늘을 향해 다시
염원念願의 파랑새를 날리기 위해서는
우리끼리 가슴을 열어야 합니다.

계룡산이 주위의 산들과 어깨동무로 노래하고
금강물이 손잡고 도란도란 이야기하며 흐르듯
새해에는 그렇게 살아가야 합니다.

* 2011년 1월 1일 아침 〈금강일보〉 신년 축하시

우리가 곁에 있습니다

— 신규 교사들을 환영하며

새 아침의 햇살입니다.
조금은 어두운 솔뫼의 동산이
당신들의 날개 짓에 환해지네요.

따뜻하게 뎁혀진 순수한 가슴으로
아이들의 심장에
넘치는 사랑을 전해주세요.

머리보다 먼저 그렇게 가슴으로 다가가서
아이들의 겨울을 쓸어내고
몇 올 봄의 씨앗을 심으십시오.

당신들의 시작은
새벽처럼 새로움만으로도 충분합니다.
내딛는 발걸음에서 불안감을 지우십시오.

때로는 가시덤불 고갯길을 만날 때
넘치는 자신감으로
넘어가세요.

그래도
막막한 어둠으로 앞길이 보이지 않을 때
조용히 손을 내밀으세요.

당신들이 외로울 때
우리가 곁에 있습니다.
풋풋한 당신들을 진심으로 환영합니다.

〈訟詩〉

큰 스승

— 박교식 선생님 정년퇴임식에서

당신은
산바람에 씻기고 씻긴
소나무처럼
맑은 영혼을 가진 사람

한평생 올곧게
교단을 지키며
제자들의 마음도
곱게곱게 가꿔준 사람

산나리 꽃같이 숨어 피어
드러나지 않게
빛을 세워서
세상을 시나브로 밝혀가면서

어느덧 걸어온 당신의 발걸음은
제자들을 위한 눈물로
사십년을 넘겼습니다

질기디 질긴
인연의 줄을 접으며 돌아서는
당신의 뒷모습을 바라보니

당신은 참으로 큰 스승입니다.

〈訟詩〉

왕죽王竹으로 사소서

— 전성국 교장선생님 정년퇴임을 축하하며

당신 곁에 서 있으면
왕대나무 잎새에서 일어서는
청아한 바람소리를 들을 수 있었습니다

당신 곁에 서 있으면
대쪽같이 곧아서 서슬 푸른
티 하나 없이 맑은 마음 한 자락이 보였습니다.

흔들리던 역사의
골짜기에서도
굳게 뿌리를 내리시고

죽순처럼, 제자들
대숲 청청한 목소리로 길러내셔서
삼천리 방방곡곡
죽향竹香 그윽한 세상 만드셨습니다

온 세상이 무너져도
무너지지 않을
튼튼한 나라를 만드셨습니다.

굽힘없이 걸어오신 그 길 위에
가을빛 노을
곱게 물들었습니다.

인연의 줄을 접으며
돌아서는 당신에게
비오니

억만 세월 굽힘 없이 하늘 받쳐 들고
꺾어도 꺾이지 않는
왕죽王竹으로 사소서

〈訟詩〉

향 맑은 옥돌 같은 당신을 보내며

— 오명성 교장선생님 정년퇴임을 축하하며

당신 곁에 서 있으면
산골짜기 굽이쳐 돌아 폭풍처럼 달려가는
힘 센 산골 물소리 들려옵니다.
아이들 위해 가야 할 길을 갈 때에는
험한 산봉우리 완강한 바위도 뛰어넘어
뒤 한번 돌아보지 않고 앞만 보고 달려가는
당신은
의지가 강한 산골 물입니다.

당신 곁에 서 있으면
평야를 유유히 흘러 바다를 향해 나아가는
가슴 넓은 강물소리 들려옵니다.
같이 걷는 사람들과 손잡고 갈 때에는
눈보라 칼바람에도 어깨동무를 풀지 않고
뜨거운 가슴으로 품어 안고 함께 가는
당신은
포용력이 강한 강물입니다.

한평생 달려온
인연의 줄을 접으며 돌아보면

민족의 어두운 새벽에 촛불을 들고
한 올 씩 꺼져가는 불빛을 키워
당신의 걸음 따라 아침이 오고
힘없던 조국은
세계를 향해 힘차게 날아올랐습니다.

당신의 흐름은 이제
바다에 닿았습니다.
당신이 담아온 풀 향기와 도시를 흐르며 거느린
수많은 이야기들도
이제는 닻을 내렸습니다.
향 맑은 옥돌 같은 당신을 보내며
아쉽게 손을 흔들며
우리도 당신을 닮은 향내 품은 물로 살겠습니다.

불꽃같은 삶

— 정문경 시인의 죽음을 애통해하며

모란꽃 부스스 피어나는
오월인가요,
꿈결인 듯 그대 부음訃音을 들었습니다.

사랑을 따라가는 뻐꾸기처럼
행복한 모습으로 칠갑산 넘어가더니
갑자기 허허로운
빈이름이 되었습니다.

그대 있는 세상에서도
아이들 울음소린 들리는가요?
방실방실 웃는 아이 모습 어이 놓고서
그리 서둘러 이승 떠났는가요?

그대 신다 버린 낫달이 한 짝
서편 하늘가에
서럽게 떠 있습니다.

그대 비운 빈자리에
오늘도 흐드러지게 꽃은 피고
세상은 어제처럼 무심히 돌아가지만

짧아서 더욱 화려하게 타올랐던
삶의 불꽃
우리 마음 갈피 속에서
영원히 꺼지지 않을 겁니다.

서둘러 떠난 사람

— 김명녕 교수님을 떠나보내며

나는 지금
그대를 위하여 잔을 드노니
그대는 어느 꽃 피는 마을에서 몸을 쉬느뇨.

무뚝뚝한 웃음도
향기롭던 사람아

돌아가는 길은
마라톤처럼 천천히 가지
단거리 달려가듯 서둘러 가서

사랑하는 사람들 눈에
장맛비만 쏟아놓고
할 말 하나 못 전하게 하는 건 무슨 심술이뇨!

다정한 목소리로
'엄선생'
부를 것 같아

숨죽이고 둘러봐도
그대 떠난 세상 변함없어 서러워

물 젖은 눈으로 서녘 하늘 바라보니
황금빛 노을 사이
그대 가는 뒷모습 보이네.

결시結詩

내 삶에 대롱을 박아
진액津液만 뽑은 노래,

세월의 바퀴 갈고 갈아
조약돌로 남은 노래,

시간의 지우개로
지워 봐도
지워지지 않는 노래,

두레박으로
퍼내고 나니
아쉬움만 남는 노래…….

원숙과 정예의 파노라마

— 엄기창의 시세계

조 남 익 시인

1 화려한 당선, 그후

청라(淸羅) 엄기창(嚴基昌) 시인이 화려한 당선을 하게 되는 것은 공주사범대 국어교육과에 재학중인 22세 때였다. 시전문지 ≪시문학≫이 창간 2주년의 기념사업으로 실시한 전국대학생들의 「전국대학시집」에서 그의 「아침 序曲」이 장현숙(동국대 국문과)의 「작업 Ⅲ」과 함께 나란히 당선의 영광을 안게 된 것이다.

「전국대학시집」은 시집을 대상으로 한 것이 아니라 '전국대학생들의 시를 모음'이란 뜻으로 사용된 듯하다. ≪시문학≫의 발표에 의하면 응모가 542편이었다. 예심에 예심을 거듭하여 최종심은 김남조 유경환 두 분에게 의뢰하게 된다.

당선작 2편이 최고상이었고, 우수작 3편, 입선작 42편이 ≪시문학≫

(1973년 12월호)에 모두 발표된다. 이미 오래 전 일을 이렇게 상세히 적는 것은 이에 대한 기록이 잘못 전해지고 있는 것도 있기 때문이다.

엄기창은 공주사범대 수요문학회의 동인이었다. 조재훈 교수의 지도 아래 수요문학회에서는 유병환, 구중회, 최병두, 조동길, 심규식 등이 활동했다. 엄기창의 ≪시문학≫당선은 수요문학회에 고무적인 요소가 되었을 것이다. 또한 ≪시문학≫의 당선작에는 추천이 1회를 거친 것으로 간주되는 특전이 있었다. 그리고 「전국대학시집」 행사는 1회로 끝난다.

엄기창이 제2회 추천을 완료한 것은 당선으로부터 2년이 되어가던 ≪시문학≫1975년 11월호에서였다. 추천된 시는 「아침바다」, 「원점에서」 2편이었고, 추천자는 이철균 시인이었다.

엄기창의 천료 소감을 보면 "시는 나의 거울이다. 내 정신의 몰골을 비춰보며, 끝없이 반성을 되풀이하는 내 양심의 꽃이다"로 시작된다. 이때의 엄기창은 ROTC로 임관한 국군 장교(중위)의 신분이었다.

그런데 엄기창과 함께 나란히 천료하게 되는 분이 있었으니 김용재였다. 그는 장시라 할 수 있는 「파도 앞에서」를 선보였고, 추천자는 역시 이철균이었다. 그는 당시 충남고등학교 교사였다. 한 지면에 같은 지역의 두 시인이 탄생하였지만, 정작 김용재, 엄기창 두 분은 서로 모르는 사이였을 것으로 추측된다.

김용재는 "있는 그대로를 살고 싶지 않아서 무슨 변혁의 꿈을 꾸다가 학창에서 즐기던 시공부를 시작했습니다"로 천료소감을 시작하고 있다.

엄기창의 당선작 「아침 序曲」을 보기로 한다.

태어나기 전부터 나는
노래를 알았다.

비스듬히絃을 베고 누운 音들이
악보 속에서 걸어 나와
목젖을 두드렸다,
우는 새의 목 너머로
훔쳐 본
아직 어는 악보 속에시도 살지 않는
音의 沈澱,
아침의 곧은 줄기 섬센
가지를 골라
새는 노래를 뿌린다.
번득이는 音들로 構想짓는
몇 올 가락이 햇살처럼
鮮明하게
숲속으로 빠져드는 것을 본다.
〈公州師大 國語科〉

―「아침 序曲」 전문(≪시문학≫, 1973년 12월호)

「아침 序曲」은 20대의 발랄한 젊음과 '아침'이라는 신선한 이미지가 결합된 환상적인 작품이다. 불과 16행의 이 시가 당선의 계열에 든 것은 ①노래 ②絃(풍류줄 현, 현악기에 매어 소리를 내는 줄. 또는 현악기의 준말) ③音(소리) 등 실제의 아침보다는 음악과 숲속의 햇살을 소재로 한 생명 탄생의 신비를 배경으로 한 때문이다.

이 시에 대한 당시의 심사평을 보면 다음과 같다.

대체로 작품수준이 均等하여 優劣의 큰 차이는 없다고 여겨졌다. 반면에 아쉬웠던 점은 個性의 主張이 弱하고 主題들도 그다지 淸新하지는 못했었다 當選을 차지한 嚴基昌의 作品은 詩語의 生硬이 좀 있었으나 想의 透徹을 인정할 수가 있어 이 점을 취했다 말하자면 詩化하려한 作品意圖가 비교적 分明하고 迫進性을 내어 풍긴다.

金南祚

시가 기품을 내뿜으면서 엄정한 위의(威儀)에 있을 때 전율할 수가 있다. 삶의 고난이나 체취가 별로 묻어있지 않아도 진정성의 감동은 큰 것이다. 이는 시신(詩神)의 음성, 곧 신운(神韻)의 경지이며, 시의 절창인 것이다. 「아침 序曲」은 엄기창의 재능이 한껏 승화된 작품이라 할 수 있을 것이다.

1
하얀 돛단 배가
아침의 鍵盤을 두드리며 지나간다.
파도에 몸을 던지고
잊었던 리듬을 생각하는 갈매기.
쾌적한 바람이 햇살 층층을 彈奏한다
미역 숲에서 멸치 떼들이
五線의 층계를 올라간다.
갈매기 노란 부리가
번뜩이는 音樂을 줍고 있다.

2
밤내 뒤척이던
허전한 어둠의 꿈 밭
소라 껍질이 휘파람 불며
모래알 손뼉을 쳐 뿌리고 있다.
얼비친 하늘의 푸른 물살을 타는
갈매기 눈알에
잊은 리듬이 내려앉는다.
하늘 속의 빛 이랑이 내려와 앉는다.

— 「아침 바다」 전문(≪시문학≫1975년 11월호)

「아침 바다」는 「원점에서」와 함께 ≪시문학≫의 추천을 끝내게 되는 작품이다. 앞에서 본 「아침 序曲」에 못지않은 시의 신선도와 리듬 감각이 있으며, 무엇보다도 시적 응시가 깊은 안정감을 준다고 하겠다.

이 시에 대한 추천사는 "엄기창 씨에게서는 영원과 순간의 좌점(座點)을, 그리고 출발과 도착의 동시성을 보았다. 이것으로 2회 추천이 완료되어 시단에 내보내면서 앞날을 축복한다(李轍均)"는 비교적 짧은 표현을 보인다.

2 뜻을 얻어 부활하는 시편들

엄기창 시인은 지금까지 두 권의 시집을 냈다. 『서울의 천둥』(시문학사, 1993), 『가슴에 묻은 이름』(오늘의문학사, 2004)이 그것인데 오늘의 물량화시대에 비교적 과작인 것이다. 그리고 이번의 시집 『춤바위』 제3시집에 해당한다.

훌륭한 능력도 기회가 없으면 빛이 없다고 하지만, 엄기창 시인의 경우는 화려한 당선 그 후, 인문고교의 교직생활에서 어려움이 많았을 것이다. 더구나 그는 초기의 단형에 이끌리어 시의 호소력을 등한시한 감이 없지 않다.

그러나 이번 제3시집에 이르러 엄기창 시인의 시혼은 시의 뜻을 새롭게 얻어 부활하는 경지를 선보인다. 초기의 재능이 대기만성의 기틀을 보임이리라. 이제 그는 고독을 깨우치는 연치에 이르렀을 뿐만 아니라, 그 고독에서부터 지혜와 관조의 초자아로 확대된 눈을 뜬다. 시가 인간의 묵시록(黙示錄)이라면, 그의 언어에 대한 입증 능력은 서정시의 진경에 기적적인 변화를 기대하게 한다. 그 구체적인 실례를 보기로 한다.

절 마당은
무량(無量)의 바다로 이어지고

무어라고 지껄이는 갈매기 소리
알아들을 수가 없다.
바다를 지우며 달려온 눈보라가
기와지붕을 지우고
탑을 지우고
목탁(木鐸) 소리마저 지운다.

지워져서 더욱 빛나는
관음상 입가의 미소처럼

나도 눈보라에 녹아서
돌로 나무로 바람으로 지워지면
갈매기 소리 알아 듣는 귀가 열릴까.

겨울 바다는 비어서 깨끗하다.
비어서 버릴 것이 없다.

— 「향일암(向日庵)에서」 전문

「향일암에서」는 한편의 서정시로서의 직관과 품격을 갖춘 명징성(明澄性)이 매력이다. 엄기창 시인이 드디어 뜻을 얻어 부활하는 시편인 것이다. 그의 기세는 바야흐로 풍부한 서정과 사고력이 숙성되어 감을 느끼게 한다.

시인의 사명이 고도의 미적 쾌락을 일깨우는 것이라면, 고차원의 감정, 곧 정신의 성숙인 것이다. 좋은 시는 독자에게 해방감과 지성의 빛을 은은하게 한다. 그것은 일반적인 대중적 취향보다는 고급 독자들의 미학적 가치가 뒷받침될 때, 최고의 성취를 보게 한다.

그러나, 현대의 서정시, 시의 가치관은 어느 때보다도 혼란스럽다. 우리가 읽는 시에서 서정시는 압도적인 비율로 많은 편이고, 독자 또한 적은 편이 아니다. 문학의 독자는 국민적 지층에 민도로서 깊이 대중화

되어 있다.

서정시의 오래고 낡은 운명, 변하지 않고 내려오는 전통, 한시조차 그 운문율이나 정서까지 여전히 답습되기만 한다는 것은 무언가 위기를 자초하고 있다는 반성과 비판이 있다. 세상이 변해도 서정시는 변하지 않는다는 자책인 것이다.

그렇다고 난해한 기교와 난삽한 수사를 앞세운 시들, 해독의 틈이 전혀 없는 시들, 일부에서는 "아직도 서정시를 쓰느냐?"는 질문이 있다. 그러나 고전적인 경향에서는 여전히 자연은 서정의 원형질이고, 영원한 시의 오브제라고 주장한다.

'불온한 시'로 말해지는 시의 혁신은 시인의 취향에 따라 언어와 수사에서, 그리고 시정신의 확산과 깊이에서 여러 형태로 나타난다. 이제 시는 낡은 것조차 청순한 새로운 방식으로 혁파되어야 한다는 요구에 있다. 시가 언어의 조직이고, 그 언어는 시대의 언어라야 한다는 대전제인 것이다.

엄기창 시인의 시는 시정신의 개척과 그 입증능력의 고양이다. 그의 시정신은 보다 한국적이고 동양적인 전통을 이어간다.

최근 그는 불교적인 상념에서 수준있는 부활을 보인다. 「향일암에서」「마곡사에서」「부처님의 미소」「산사」「가을 산」「동학사 가는 길」 등은 모두 이런 취향의 소산이다. 깨달음을 중요하게 작품화하고, 보이는 것과 말하려는 것의 시 본질에 대한 투철한 소명이 있다. 현대적 서정의 맥박을 느끼게 한다.

시 「향일암에서」의 '향일암'은 많이 알려진 것처럼 전남 여수시 돌산도의 금오산에 있는 절벽 암자이다. 우리 나라 4대 관음 기도처의 하나이며, 도 지정문화재 제40호로 지정되어 있다.

풍수지리상으로 금오산은 거북이 모양이고, 향일암은 경전을 등에 모신 금거북이가 바다 속으로 들어가는 모습이라고 한다.

지우고 또 지운다는 「향일암에서」는 "겨울 바다는 비어서 깨끗하다/비어서 버릴 것이 없다"(종연)는 표현에 이른다. 세상의 온갖 번뇌로부터 해탈해 가는 대자연이 뜻밖의 경이로운 탄성을 자아내게 한다. 겉모습만 좇는 것은 바탕을 잃을 수도 있지만, 비어있는 근원으로 돌아가면 뜻을 찾아낸다는 청순한 불심의 울림이다.

다음 시는 현상적인 현실이면서도 그 깊이가 결코 가볍지 않은 것이 있다.

불타는 단풍 산으로
노스님이 들어섰다.

산 빛 깨어지지 않고,
회색 승의가
단풍에 녹아든다.
작은 등짐에 담겨온
속세의 눈물들을
산문 앞에 부려 두고,

조금씩 산 속으로
들어갈수록
비우고 비워 산바람이 된다.

바람이 지나가는 길가에
울던 새는
울음을 그치지 않는다.

저녁 어스름으로

지워지는 산들이
스님의 등 쪽으로 빨려들고 있었다.

—「가을 산」 전문

고요와 비움의 경지는 청렴하고 결백한 염결(廉潔)의 고향일 것이다. 시에서는 일찍부터 '사특함이 없는 정신'(思無邪)의 가치를 추앙하였고, 불교에서는 참선, 안거 등을 비롯하여 그 종교적 정진과 수행에 밀접한 바가 있을 것이다.

「가을 산」의 배경은 노스님과 단풍, 새울음과 저녁 어스름 등 소박하고 군소리가 거의 없는 표현이다. 그러나 이 시의 담백과 미적 취향은 적은 것이 아니다. 담담한 풍경을 하나씩 짚어주는 간결성에는 의외로 시적 경이감을 높여주기 때문이다.

본래 시는 독창성이라기보다는 미묘한 충일감에 의하여 경이감을 준다. 그것이 퍼스나(persona)의 지고한 사상의 전달로 감동을 주고, 거의 기억처럼 느끼게 한다.

일찍이 플라톤이나 아리스토텔레스는 훌륭한 서사시인이나 서정시인의 뛰어난 작품은 기술에 의한 것이 아니라, 영감을 받고 신이 들어서 지어진 것이라고 했다. 문학의 천재론의 근거가 여기 있었다.

"작은 등짐에 담겨온/ 속세의 눈물들을/ 산문 앞에 부려두고// 조금씩 산 속으로/ 들어갈수록/ 비우고 비워 산바람이 된다"는, 여기의 '산바람'은 일상적인 것이 아니다. 시의 직관에서만 가능한 신비로운 '초월'인 것이다.

서정주는 '눈썹으로 절 짓기'가 그의 '어법'이었고 구경적 생의 형식은 김동리의 '문법'이라고 한 것이 있다. 서정주가 직관적이었다면, 김동리는 논리적이었다. 시와 소설의 차이였다.

시의 직관은 잠깐 사이에 고금을 살피고, 눈 깜빡할 틈에 사해를 누른다. 천리를 틀안에 넣고, 만물을 붓끝으로 꺾는다고 했듯이 종횡무진의 상상력인 것이다.

"비우고 비워 산바람이 된다"는 것은 이 시의 절구에 해당한다고 할 것이다.

흔히 문학은 제3의 눈이 있을 것을 강조한다. 자기 속에 있는 영원한 시력, 변함없는 파수꾼, 결코 자는 일 없는 목격자의 눈이 그것이다.

엄기창이 「가을 산」에서 보이는 것은 속세를 떠난 정신의 적멸(寂滅)이다. 언어에 의한 입증능력을 예술적으로 재구성한 창작의 매력이 있다. 시가 거룩한 것이라면, 바로 이런 경지 때문일 것이다.

시는 지식의 중심이면서 동시에 주변이었다. 모든 학문을 포괄하며, 또한 모든 학문이 이에 근거하는 것이라고도 했다.

3 명징한 이미지, 알레고리 시학

어쩌니 해도 수사술은 문학의 본질이다. 특히 시는 말이나 글을 아름답고 정연하게 꾸미고 다듬는 기교적 재능이 큰 영향을 끼친다. 수사술은 자신의 이야기를 신용있게 드러내는 언어능력인데, 정서에 대한 환기, 표현에 대한 입증능력을 뜻한다.

많이 알려진 것처럼 훌륭한 작품은 사상성과 예술성이 서로 등가(等價)와 조화에 있다고 한 것은 T.S엘리어트였다. 여기의 '예술성'이란 바로 수사술을 지칭한 것이다. 수사의 세련성, 거시적 가치의 심미성, 독자적인 문채(文彩) 등은 대가들의 명작에서 접할 수 있다.

엄기창 시인의 언어는 비교적 명징하고 간결하다. 서두에서 말한 바와 같이 그는 단형으로 빛을 내었고, 제2시집에 이르기까지 거의 30년 세월을 주로 단형에 몰두한 감이 있다.

현대시에서 모더니즘, 포스트모더니즘, 이미니즘, 이미저리(여러 이미지들의 집합적 명칭) 등은 낯익고 흔한 용어들이다. 그런가 하면 가장 애매성이 있는 말이기도 하다.

'이미저리'만 해도 그 적용 범위는 시의 독자들에게 경험된다는 '심상'(이미지)으로부터 시의 요소에 이르는 총체적인 데까지 달한다. 이미저리는 비유언어, 곧 은유와 상징을 가장 광채있는 부분으로 보며, 모순과 충돌하는 언어를 수용함으로써 탄력적인 현대시의 규범에 이른다.

엄기창의 단형에서 「가시」를 보자. 그 이미지가 선명한 사례가 될 것이다. 볼멘소리 아내의 노여움과 탱자나무의 가시가 대비되고 있는 것이다.

"숨기다가 숨기다가/ 무심코 튀어나온/ 아내의 볼멘소리처럼// 수줍게 고갤 내민 탱자나무 새순에/ 가시/ 하나"의 불과 42자의 단형이다.

이미지란 '말로 만들어지는 그림'이다. 한편의 시가 하나의 이미지일 수 있는데, 그것은 시를 구체화할 때 가능한 것이다. 「가시」는 구체화된 한 편의 이미지이며, 매우 예리한 바가 있다.

물총새의 눈동자가
돌의 적막(寂寞)을 깔고 앉아서
부리 끝에 한 점 핏빛 노을
노을 속에서 물고기의 비늘들이
더욱 빛나고 있다.

저마다의 의미로 피어난 꽃들,
숨을 죽이고
온 몸 털 세워 바라보는 지

바위의 응시(凝視).
물총새의 부리 끝에
반짝
물비늘이 일렁인다.

퍼덕이는 물고기의 몸부림 속으로
내려앉는 어둠,
그 어둠마저도 아름다운 황혼 무렵에…….

—「황혼 무렵」 전문

황혼에 물총새가 총알처럼 날쌔게 물속의 먹이를 낚아채는, 물고기의 사냥을 소재로 한 시다. 그런데 단순히 사실성의 이미지가 아니라, 여러 '해설적' 의미장치를 배치한다. 그것은 곧 풍경적 묘사가 아니고, 시인의 의도적 철학과의 연쇄고리라고 할 수 있을 것이다.

"부리 끝에 한 점 핏빛 노을"(1연), "저마다의 의미로 피어난 꽃들"(2연), "퍼덕이는 물고기의 몸부림 속으로/ 내려앉는 어둠"(4연) 등이 그것인데, 단말마적인 상황이 중후한 시의 의미로 채색된다. 변화된 시의 기법으로 진보적인 수사술일 수도 있다.

물총새의 냉정한 살기를 '돌의 적막' '바위의 응시'라고 한 것도 그만의 비유라고 하겠다.

30년대만 해도 시는 풍경 등 외면적인 감각에 더 많이 열중했다. 관념이나 심리적 사상까지도 시의 회화성으로 바꾼 것이 김광균(1914~1993)이었는데, 결국 그의 시에는 사상이 스며들 여유가 없었던 것으로 평가되었던 것이다.

예술적 표현이란 마음 깊은 곳에 접하는 일이고, 영원한 세계로 들어가는 것이라고 한다면, 사상성은 도저히 경시할 수 없는 문제로 대두된다. 「황혼 무렵」은 약육강식의 구도이지만, 냉정한 대자연의 근원인식에서 포용된 이미지를 거느리고 있다.

알레고리(allegory)의 서양 원어의 뜻은 '다른 것을 말함'이라고 한다. 우리나라에서는 우화(寓話) 우의(寓意) 등이 이해하기 쉬운 용어라 할 수 있고, 교훈적 풍자적인 내용을 직접 발하지 않고, 다른 사물에 빗대어 넌지시 비추어 쓰는 수사법인 것이다.

우의소설(寓意小說)에서는 빗대어 쓴 것이 '이야기'가 되겠지마는 시에서는 원관념을 숨기고 보조관념만 드러나게 된다. 내용의 음영이 비유나 설명이 겉으로 드러난 이상의 숨은 내용이 암시되는 것이다. 가령 대부분의 속담은 이런 전형에 속하는데 '빈 수레가 더 요란하다" 등이 그러하다.

알레고리는 우화법 풍유법 우유법 등의 번역을 볼 수 있다.

엄기창 시인의 첫시집의 「서울의 천둥」이나 「끈」 등은 원관념은 드러나지 않고 보조관념으로만 된 알레고리를 본다. 「서울의 천둥」은 너무도 복잡한 서울에 대한 위기의식의 풍자가 '천둥'이고, 이의 원관념은 밝혀지지 않고 있다. 「끈」은 사랑의 원관념이 보조관념만을 거느리고 있는 작품이다.

이번 제3시집에서도 「파계(破戒)」 「똥을 묻으며」 「맹인(盲人)의 그림 보기」 「바다」 등은 작품의 의도가 따로 있는 작품들이다. 알레고리의 시학은 지혜의 소산이며 '의도된 방략(方略)'의 작품이기 때문에 주제가 너무 선명할수록 작품성은 떨어지게 된다. 예술성을 중시할수록 세련된 표현을 취한다. 사실 주제가 정신적 도덕적 역사적 또는 정치적으로 너무 표면화될 수는 없다.

엄기창의 단형인 「바다」를 보기로 한다.

"바다가 어디/ 깊은 산골 맑은 물만 받아/ 저리 맑은가/ 끊임없이 黃河를 가슴에 품고서도/ 씻고 또 씻어// 바다는 금방 하늘을 닮는다"는 것이 전문이다.

광대한 바다의 맑은 물이란 실은 황하가 그의 누런 물을 씻고 또 씻어 맑게 되었고 하늘을 닮은 것이라는 이야기로 교훈적인 내용이다. 사회의 악을 두려워하지 마라. 그것이 오히려 나의 인격적 성장에 좋은 자양분이 된다는 것을 이 시는 가르친다.

「이솝우화」는 가장 널리 읽히는 대중적 알레고리로 되어 있다. '동물우화'는 특히 그 교훈이 직설적이다. 가령 '포도 우화'에서 여우가 "포도는 시어서 먹을 수가 없다"고 핑계대는 것은 웃음을 자아내게 한다.

엄기창의 「맹인(盲人)의 그림 보기」에는 "맹인 지팡이 짚고 미술 전시회 가네"(2연)로 이 시가 진행한다. 그러나 "하나를 보면/ 하나밖에 모르는 놈들/ 맹인은 산수도에서. 우주를 보네// 앞을 못 보아서/ 더 큰 세상을 보네"(4.5연)로 끝난다.

대부분 사람들은 두 눈을 가지고서도 "하나밖에 못 보는 놈들"이지만, 맹인은 오히려 "더 큰 세상을 보네"이다. 사물의 본질을 보는 맹인의 심안(心眼)을 예찬하면서 세상을 질책한다. 아이러니가 섞인 날카로운 알레고리이다.

엄기창 시인은 정연한 시작법에 골몰한다. 이 난해시가 판치는 시대에 적은 듯 뜻을 얻고 표현의 정도에서 한 걸음도 물러서지 않는 것은 얼마나 귀한 일인가.

4 겸허한 선생님이자 시인의 자아가치

시인에게는 남이 알아주거나 말거나 적으나마 속내 깊은 자존심 같은 것이 숨어 있다. 시인은 일찍부터 "시인은 세계의 마음이다" 또는 "시는 인정받지 못한 세계의 입법자이다." 등을 읽으며 시를 쓴다.

시인들은 귀기(鬼氣)가 서려있는 보들레르의 '새로운 전율적 창조'며 27세로 요절한 중국 중당기의 이하(李賀)의 시편들도 조금씩은 공부한 터이다. 국내의 고전적인 시인이나 작품은 거의가 학교 교육에 들여온다.

시는 항상 속세와의 일정거리를 둔다. 속세란 우리의 삶이 사는 늪이지만, 지고한 문학의 관조를 위해서는 그 흙탕물을 다 뒤집어 쓸 수는 없다. 설령 죽음과의 슬픔이 있어도 작품에서는 고급스럽게 녹여 놓는다.

장자의 말처럼 "신발이 맞으면 신발의 존재를 잃는다"는 것은 정신적 달관과 조화가 얼마나 기초적인가를 알게 한다. 예술이란 필연적으로 소아의 세계가 아니라 대아적인 소명의식이라야 공감도를 높일 수 있기 때문이다.

엄기창 시인은 전형적인 그것도 공주가 낳은 시인이다. 온후한 그의 모습을 보면 진선지인(眞善之人)이란 바로 저런 사람이겠지 한다. 근본이 착한 사람, 그늘이 없어 보이는 얼굴인 것이다.

조재훈 교수는 첫시집의 '해설'에서 다음과 같이 엄기창 시인을 소개한 바 있다.

> 이번 시집의 원고를 통독하다 보니 그는 아직도 유년의 고향에 단단히 뿌리를 두고 있음을 확인하고 놀라지 않을 수 없었다. 변하지 않는 그의 느릿한 말씨와 부처님의 미소인 듯 따사로운 그의 소리 없는 웃음이 그의 사람됨과 문학의 성향을 모두 말해 주고 있는 것이다. 한마디로 말하여 겸허한 순결성이라고나 할까? 노자가 일찍이 갈파한 상선약수(上善若水)의 그 물처럼 낮은 데서 표없이 착하게 살아가는 사람이 바로 엄기창이란 선생님이자 시인이다.
>
> — 조재훈 「절제와 스밈의 시학」

엄기창의 이런 바탕은 첫시집에서 연번호가 없는 「고향」 연작시 5편, 「금강」 2편이 나온다. 제2시집에서는 부제 「思母十題」에 의한 모친의 장례에 이르기까지의 10편, 그리고 시의 제목에 공주, 대전, 공산성, 대청소, 계족산, 현충원, 계룡산 등의 지역 지명들이 여과없이 등장한다.

시가 공감성이 적은 소아적인 소재나, 사사로운 편견에 갇힌다는 것은, 시의 소주제에 스스로 갇힌다는 것과 같을 것이다. 이는 엄기창에게만 있는 것은 아니다. 요즈음의 시가 최소한의 공공성, 대아적인 가치관을 추구하지 않고 편견의 사사로운 유희로 쓰는 것을 흔하게 볼 수 있기 때문이다.

일찍이 미당 서정주는 「삼국유사」를 탐독하면서 시의 구상을 다듬는다는 것을 밝힌 적이 있다. 시집 『신라초』 『동천』을 비롯하여 그의 명시들이 이런 노력의 결과임을 알 수 있다.

엄기창 시인의 경우는 그의 겸허한 순결성의 자아가치에서 햇빛 같은 시의 구원을 본다. '자아가치'는 천지만물에 대한 인식이나 행동주체인 자아가 성스러운 만족 · 보상 · 탕감 등의 태생적 경지를 소요하고 있음이다. 그는 앞에서 말한 바와 같이 '진선지인'이었고, 공리적인 세상에서 높은 초월의 인성적 감동으로 시의 질을 잡는다.

> 아파트 안 도로를 차로 달리다가
> 다리 다친 비둘기 가족을 만나면
> 숨을 죽이고 가만히 선다.
>
> 경적을 울리면
> 아기 비둘기 놀랄까봐…….
>
> 산을 오르다가

허리 구부러져 누운 들국화를 보면
발을 멈추고 튼튼한 이웃에 기대어 준다.

가벼운 바람에도
몇 번이나 뒤돌아본다.
잠시만 눈을 감고
생각해보면
내 따스한 마음 머물 자리가 얼마나 많은가.

조그마한 나의 온기가
다리가 되고, 날개가 되고
숨결이 되어줄 사람 얼마나 많은가.

단풍잎 붉은 기운이
핏줄을 타고 들어온다.
바람은 차도 가을은 따뜻하다.

—「따뜻한 가을」 전문

「따뜻한 가을」은 역시 뜻을 얻고 있는 작품으로 따뜻한 시인의 마음이 곧 깨끗한 시가 되었다. 비둘기들이 놀랄까봐 차의 경적을 울리지 않는다든가, 등산길에서 구부러진 들국화를 세워준다든가 등은 쉬운 일 같으면서도 누구나 할 수 있는 일이 아니다.

"조그마한 나의 온기가/ 다리가 되고, 날개가 되고/ 숨결이 되어 줄 사람 얼마나 많은가"(6연) 하고 시인은 '나의 온기'에 대해서 깊은 뜻을 헤아린다. 이런 마음씨를 자비심이라 할 수 있고, 불성이라고들 할 수 있겠지만, 시인은 일상의 생활감정에서 찾아낸다.

시의 표현이 순수하고 내용이 성숙된 것을 본다. 바로 완숙의 세계인 것이다. 예술을 신성시한다든가, 마술적 열광을 높이 사기도 한다. 그러나 시대가 복잡할수록 존경스럽고 성화(聖化)와 같은 감화의 순치 또한 얼마나 값진 일이겠는가.

본래부터 시는 진선미(眞善美)였다. 인간이 이상으로 삼는 '참다움·착함·아름다움'인 것이다. 셸리는 그의 「시의 옹호」에서 "시는 지복지고(至福至高)의 마음의 지고지복(至高至福)의 순간의 기록이다"라고 한다. "지극히 높고 지극히 행복한 기쁨"의 경지에서 시는 탄생할 것이라고 했다. 정신적인 극치의 환희인 것이다.

아름다움에는 세상을 구원한다는 믿음이 있음이다.

시 한 편을 더 보기로 한다.

아파트 유리창을 닦는다.
골짜기마다 감추고 있는 보문산의 비밀이
가까이 다가온다.

산밑 낮으막한 등성이에서
불꽃을 피워 올려
산벚꽃 연분홍으로 슬금슬금 기어 올라가
온 산을 덮는 봄날의 환희와

비온 날 아침 떡시루를 찌듯
뭉게뭉게 일어나는 골안개로 온 몸을 가렸다가
한 줄기 햇살로 맨살 드러내어
진초록 함성 하늘 향해 이글거리는 여름날의 열정,

늦여름 초록의 밑둥에서 조금씩 배어나와
색색으로 물들였던 산의 간절한 이야기 떨어지고
나무 가지마다 침묵으로 앙상한
저 가을날의 고독

시루봉 이마 하얀 눈으로 덮이고
골짜기로 내려오면서 조금씩 옅어졌다가

어느새 수묵의 함초롬한 자세로 식어있는
겨울날의 허무

유리창을 닦는다.
집안 가득 보문산을 들여놓는다.

— 「유리창을 닦으며」 전문

「유리창을 닦으며」는 같은 계열의 「엉겅퀴꽃의 노래」와 함께 활성적인 시인의 인식과 정서가 녹아든 원숙함을 보인다. 기교적으로도 함축적이다.

전 6연의 이 시는 처음과 끝에서 수미상관의 묘미를 응용한다. "아파트 유리창을 닦는다/ 골짜기마다 감추고 있는 보문산의 비밀이/ 가까이 다가온다"(첫연)와, "유리창을 닦는다/ 집안 가득 보문산을 들여놓는다"(종연)가 그것인데, 전체적 균형을 잡/아준다. 대전의 명산인 '보문산의 비밀' '집안 가득 보문산을 들여놓는다'의 발상법이 이 시를 더욱 돋보이게 한다.

엄기창 시인은 역시 자질과 열정을 갖춘 시인이었다. 화려한 당선 그 후, 그는 이상하게도 '영광의 상처'처럼 너무 오래 침체되어 있었다. 그러나 초기의 단형에 얽매였던 시의 틀을 과감히 깨고, 대기만성의 원숙과 정예의 파노라마를 일으키며 기적적인 부활을 보인다.

그는 시의 뜻을 얻었을 뿐 아니라 깨끗한 서정과 함께 시를 응용하는 시력도 함께 회복한다. 그는 시의 광야에서 선지자의 넋을 마음껏 외칠 수도 있으리라.

다른 사람을 넘기도 어렵지만, 자신을 넘기는 더 어렵다고 한다. 그러나 엄기창 시인은 무한한 시의 세계를 끝없이 동경하며 그에 도달하려는 치열한 내공이 있었기에 부활될 수가 있었다. 더구나 그의 시는 평이

하면서도 울림이 강한 메아리가 있다. 현대시의 리듬과 표현기교, 그리고 전반적인 예술성의 수준을 유지한다.

릴케는 "일생의 10편의 좋은 시를 쓰기 어렵다."고 했다. 겸허하고 순결한 엄기창 시인의 영혼과 열정을 축복하면서 그의 앞길을 조용히 지켜보고 싶다.

춤바위

엄기창 시집

발 행 일 | 2014년 7월 15일
지 은 이 | 엄기창
발 행 인 | 李憲錫
발 행 처 | 오늘의문학사
출판등록 | 제55호(1993년 6월 23일)
주　　소 | 대전광역시 동구 대전로 867번길 52(삼성동 한밭오피스텔 401호)
전화번호 | (042)624-2980
팩시밀리 | (042)628-2983
홈페이지 | http://www.lito77.co.kr(홈페이지)
전자우편 | hs2980@hanmail.net

공 급 처 | 한국출판협동조합
주문전화 | (070)7119-1752
팩시밀리 | (031)944-8234~6

ISBN 978-89-5669-595-2
값 12,000원